Christiane Lutz

Leben lieben – leben lassen

Christiane Lutz

LEBEN LIEBEN – LEBEN LASSEN

Von Konfrontation und
Individuaton im Märchen

opus magnum

Bibliografische Informationen der Deutschen Nationalbibliothek
Die Deutsche Nationalbibliothek verzeichnet diese Publikation in der
Deutschen Nationalbibliografie; detaillierte bibliografische Daten sind
im Internet unter http://dnb.d-nb.de abrufbar

1. Auflage 2012
© 2012 by opus magnum, Stuttgart (www.opus-magnum.de)
Umschlaggestaltung, Grafik und Layout: Dominik Lutz
Titelbild: „Märchenmütterchen" nach Originalzeichnung von Ludwig
Richter, xylographiert von August Gaber Dresden in „Märchen und
Sagen" von Carl und Theodor Colshorn Hannover 1854

Herstellung: Books on Demand GmbH, Norderstedt

ISBN 978-3-939322-58-0

INHALT

Motto: *Ich lebe mein Leben in wachsenden Ringen,*
            die sich über die Dinge ziehn.
            Ich werde den letzten vielleicht nicht vollbringen,
            aber versuchen will ich ihn.

                    (Rainer Maria Rilke 1875-1926)[1]

DIE SINNFRAGE IM BLICK AUF DIE VERGANGENHEIT

Teilnehmen am Leben bedeutet, allmählich älter zu werden. Eine Tatsache, die für viele Menschen mit Angst und Unsicherheit verknüpft ist. Der Prozess des Älterwerdens wird weniger mit den positiven Aspekten von Erfahrung, Gelassenheit und Reife verbunden, sondern erscheint häufig schambesetzt, als ob die Spuren des Alterns Ausdruck von Wertlosigkeit sind.

Mit wachsender Bewusstheit, im Angesicht eines zeitlich begrenzten Daseins erhebt sich immer drängender die Frage, ob das eigene Leben sinnvoll gestaltet, oder stattdessen eher abgelebt wurde.

Aber was verbirgt sich hinter der Frage nach einem sinnvollen Leben? Hat das biblische Wort noch Gültigkeit, wenn es dort heißt, dass ein köstliches Leben bestimmt ist von Mühe und Arbeit? Ist es sinnvoller, dem Mainstream zu folgen und den Schwerpunkt der Lebensfreude auf Spaß und Lebensgenuss, auf das Jagen nach Glücksmomenten, das Freisein von Pflichten, von Aufgaben und Verantwortung zu legen? Ist die lustbetonte Freizeitgestaltung eigentliches Ziel eines positiv verstandenen Lebens? Sind wir, wie der französische Philosoph Pascal Bruckner[2] es formuliert, „verdammt zum Glück"? Finden wir hier unsere Lebensaufgabe, unsere Bestimmung? Fast könnte man meinen, dass Glück mit Attraktivität und Erfolg eng verknüpft ist. Wird das eine oder andere nicht erreicht, muss ein schneller Wechsel des Berufs, des Partners das

Glück einholen. Doch Glück ist eine launische Partnerin und droht gerade dann zu entschwinden, wenn wir glauben, sie festzuhalten. So gibt es offenbar nur flüchtige Augenblicke einer vordergründigen Befriedigung, wie es uns bereits Faust lehrt.

Und, wenn diese Glücksmomente nicht ausreichen, um befriedigt zu sein, wo ist Sinn zu finden? Die Hilflosigkeit in der Beantwortung dieser Frage schlägt sich in der dramatischen Zunahme von Angstkrankheiten nieder, in Depressionen, bereits bei Kindern und und Jugendlichen, in der Bereitschaft sich selbst zu verletzen bis hin zum Suizid.

Sicher hängt die Fähigkeit, sich zufriedenzugeben, sich zu bescheiden, wesentlich von positiven Erfahrungen im Rahmen von primären Beziehungen zusammen. Eine sichere Bindungserfahrung bestimmt den Bezug zur Welt. Sie ist in der Regel Voraussetzung dafür, ob ein Mensch die Welt unter dem Aspekt des Habens oder des Mangels erlebt. Sind die frühen Bedürfnisse angemessen befriedigt, kann ein Mensch während seines Lebens den Akzent eher auf die Entwicklung des Seins, das heißt auf die Befriedigung immaterieller Bedürfnisse richten. Er muss nicht süchtig nach Sinn suchen, sondern findet das Glück in sich selbst.

Angelus Silesius, der Mystiker, beschreibt dies mit den Worten: *„Mensch geh nur in dich selbst. Denn nach dem Stein der Weisen / darf man nicht allererst in fremde Lande reisen."* [3]

Märchen können als Lebenshilfe Unterstützung anbieten in der Beantwortung dieser existenziellen Fragen. Sie sind Geschichten, die uns in der Tiefe bewegen, weil sie Urerfahrungen des Menschen und des Menschseins beschreiben. Ihre oft holzschnittartig anmutenden Bilder spiegeln ein Wissen, das Kinder auch heute noch unmittelbar erfassen. Darum brauchen gerade unsere Kinder heute in der irrealen, virtuellen Welt den lebendigen Kontakt zu diesen Grundwahrheiten, um Hilfestellung in der Bewältigung eines immer komplexeren Lebens zu bekommen, die ihnen Smartphone und Computer nicht geben können. Märchen vermitteln Emotionen, die insbesondere, wenn sie erzählt werden, Beziehung erlebbar machen – die beste Nahrung fürs Gehirn. *„Zaubermittel ist die emotionale Beziehung zum Inhalt und den Personen des Märchens, auf die sich das Kind beim Hören des Märchens mit der einfühlsamen Hilfe des Erzählers oder Vorlesers einlässt. Erst so wird aus dem Märchen Kraftfutter für Kindergehirne [...].“* In der Bildersprache der Märchen werden *„Botschaften über die Erfahrungen einer bestimmten Familie, Sippe, Gemeinschaft, also letztlich eines bestimmten Kulturkreises transportiert. Sie schaffen so eine gemeinsame Plattform von Vertrautem und Bekanntem [...]. Sie wirken damit identitätsstiftend und festigen auf diese Weise den Zusammenhalt einer Gemeinschaft.“*4

Mit anderen Worten: Im gemeinsamen Erleben der im Märchen beschriebenen archaischen Lebenssituationen, von Gefühlen und Empfindungen, entsteht innere Sicherheit. Kinder und genauso Erwachsene können spüren, dass sich eigenes Erleben in den Märchen spiegelt und umgekehrt die Märchen beruhigend vermitteln, dass diese individuellen Erlebnisse und Empfindungen nach Menschenart sind. Und schließlich: Es wird alles wieder gut! Das entängstigt und fördert Lebens-Lust.

Welches archetypische Wissen als Ausdruck von Weisheit vermittelt die Märchenauswahl dieses Buches?

Frühes Verstoßensein, das Gefühl, ungeliebt zu sein in „Hans mein Igel." Äußerer Mangel und scheinbare Minderwertigkeit in „Ederland, die Hühnermagd." Die Grunderfahrung, dass der Mutterarchetyp immer einen Plus- und einen Minuspol hat, in „Ivas und die Hexe." Die verführerische Regression in die kindliche Position in „der Hund mit den kleinen Zähnen." Die Beziehung zu Geschwistern in Verbundenheit, auch mit der Gefahr inzestuöser Abhängigkeit, häufig auch einer ausgeblendeter Rivalität, in „Schwester oder Braut." Die Erfahrung von Freundschaft, Trost und Zuversicht, den die Treue eines Tieres schenkt, gleichzeitig aber auch die vitale Bedeutung der Triebimpulse im „goldenen Vogel." Schattenaspekte wie Gier und Hybris im mehr Haben-Wollen in „die wunderbare Bohnenranke." Die Ressource, die gute Großeltern für die subjektive Sicherheit in der Welt sein können in „das Mädchen das golden Blumen schritt." Entwicklung und Lösung aus infantiler Abhängigkeit in Verbindung mit der Sehnsucht, Schweres zu verdrängen in „Alecko und die drei Schwestern." Die Entwicklung des Mutes zu sich selbst im Überwachsen der Elternfiguren in „Bekennst du." Die Auseinandersetzung mit dem Rätsel des Todes als Ausdruck eines Lebensgeheimnisses in „Gevatter Tod." Die Sehnsucht nach ewigem Leben, der Wunsch, Zeit in ihrer Dynamik zu negieren, um einer positiven Gegenwart Dauer zu verleihen in „Jugend ohne Alter, Leben ohne Tod." Und schließlich Entwicklung als ständige Veränderung und die Bereitschaft sich immer wieder mit existenziellen Ängsten auseinanderzusetzen in „Marja Morewna".

Frühe Prägungen, Schicksal oder Chance
für bewusste Lebensgestaltung

Bietet der Blick in die Vergangenheit, in das eigene Gewordensein eine erste Antwort an? Wie wirkten sich frühe Prägungen aus, welchen Einfluss hatten die Primärbeziehungen zu Eltern und Geschwistern auf die persönlichen Möglichkeiten, das eigene Leben sinnvoll zu empfinden? Wie viel individuelle Gestaltungskraft stand dem Ich zur Verfügung, um schicksalhafte Verwicklungen in sinnstiftende Entwicklung umzuformen? Sind die frühen Gegebenheiten Schicksal oder Chance für bewusste Lebensgestaltung?

Wenn der Mensch zunehmend bewusst sein Leben in einen größeren Sinnzusammenhang stellt, werden Entscheidungen, die sein Leben in eine bestimmte Richtung steuerten, im Zusammenhang mit seinen Folgen neu beurteilt, vielleicht sogar bewertet. Es bilden sich Gesetzmäßigkeiten ab, die plötzlich einen Sinnzusammenhang aufzeigen, der dem Bewusstsein bisher verschlossen war. Es mag einem gelegentlich vorkommen, wie im Märchen, wenn sich eine verborgene Tür öffnet und eine Erkenntnis ins Bewusstsein drängt, die das Leben radikal verändert. Hinter diesen individuellen Neuerfahrungen werden häufig jedoch auch archetypische Signaturen sichtbar. Es sind Urbilder menschlichen Erlebens, die sich in Märchen und Mythen widerspiegeln. Es mögen Aspekte des Weiblichen in seinen positiv schützenden aber auch vernichtenden Seiten sein, oder auch das Männliche in seinen vielschichtigen Perspektiven des Abenteurers, des Helden, oder auch des Weisen.

Wichtig hierbei ist, dass diese Bilder nicht personal an Mutter oder Vater, männlich oder weiblich in ihrer geschlechtlichen Rolle gebunden sind, sondern dass sie Varianten menschlichen Verhaltens darstellen, die überpersönliche Gültigkeit besitzen.

Märchen geben Orientierung hinsichtlich eines Blickes rückwärts. Sie erlauben aus der Distanz eine Neubewertung gerade auch problematischer Ausgangssituationen. So kann sich aus einer lebenshemmenden Vorwurfshaltung, dem Gefühl, ein vom Schicksal benachteiligtes Opfer zu sein, eine Neubewertung der Gegebenheiten entwickeln. Jede Lebenssituation, auch die schwierigste, erlaubt Handlungsfreiheit. Statt in passiver Resignation zu verharren, bieten sich immer Möglichkeiten, die kreative Kräfte im Ich mobilisieren. Über Tatkraft und Neugestaltung des Schicksals wird Versöhnung mit der Vergangenheit möglich und damit Lebensweichen neu gestellt.

Leider werden Menschen oft schicksalhaft in Konstellationen geboren, die keine idealen Voraussetzungen für Zufriedenheit und Glück im Leben darstellen.

C. G. Jung spricht jedoch tröstlicherweise von den selbstheilenden Kräften der Psyche. Jeder Mensch hat vitale Ressourcen, die ihm ermöglichen können, trotz schwieriger Bedingungen ein sinnerfülltes Leben zu führen.

Fragen wir uns, ob frühe negative Prägungen zwangsläufig ein vom Mangel bestimmtes ferneres Schicksal bedeuten, gibt das Märchen von „Hans mein Igel" eine ermutigende Antwort.

Märchen: Hans mein Igel

Es war einmal ein Bauer, der hatte Geld und Gut genug, aber wie reich er war, so fehlte doch etwas an seinem Glück: er hatte mit seiner Frau keine Kinder. Öfters, wenn er mit den andern Bauern in die Stadt ging, spotteten sie und fragten, warum er keine Kinder hätte. Da ward er endlich zornig, und als er nach Haus kam, sprach er: „Ich will ein Kind haben, und sollte es ein Igel sein.“

Da kriegte seine Frau ein Kind, das war oben ein Igel und unten ein Junge, und als sie das Kind sah, erschrak sie und sprach: „Siehst du, du hast uns verwünscht.“ Da sprach der Mann: „Was kann das alles helfen, getauft muss der Junge werden, aber wir können keinen Gevatter dazu nehmen.“ Die Frau sprach: „Wir können ihn auch nicht anders taufen als Hans mein Igel.“ Als er getauft war, sagte der Pfarrer: „Der kann wegen seiner Stacheln in kein ordentlich Bett kommen.“ Da ward hinter dem Ofen ein wenig Stroh zurecht gemacht und Hans mein Igel darauf gelegt. Er konnte auch an der Mutter nicht trinken, denn er hätte sie mit seinen Stacheln gestochen. So lag er da hinter dem Ofen acht Jahre und sein Vater war ihn müde und dachte, wenn er nur stürbe; aber er starb nicht, sondern blieb da liegen.

Nun trug es sich zu, dass in der Stadt ein Markt war, und der Bauer wollte hingehen, da fragte er seine Frau, was er ihr sollte mitbringen. „Ein wenig Fleisch und ein paar Wecke, was zum Haushalt gehört“, sprach sie. Darauf fragte er die Magd, die wollte ein paar Toffeln und Zwickelstrümpfe. Endlich sagte er auch: „Hans mein Igel, was willst du denn haben?“ „Väterchen“, sprach er, „bring mir doch einen Dudelsack mit.“ Wie nun der Bauer wieder nach Haus kam, gab er der Frau, was er ihr gekauft hatte, Fleisch und Wecke, dann gab er der Magd die Toffeln und die Zwickelstrümpfe, endlich ging er hinter den Ofen und gab dem Hans mein Igel den Dudelsack. Und wie Hans mein Igel den Dudelsack hatte, sprach er: „Väterchen, geht doch vor die Schmiede und lasst mir meinen Göckelhahn beschlagen, dann will ich fortreiten und will nimmermehr wiederkommen." Da war der Vater froh, dass er ihn los werden sollte, und ließ ihm den Hahn beschlagen, und als er fertig war, setzte sich Hans mein Igel darauf, ritt fort, nahm auch Schweine und Esel mit, die wollt er draußen im Walde hüten.

Im Wald aber musste der Hahn mit ihm auf einen hohen Baum fliegen, da saß er und hütete die Esel und Schweine, und saß lange Jahre, bis die Herde ganz groß war, und wusste sein Vater nichts von ihm. Wenn er aber auf dem Baum saß, blies er seinen Dudelsack und machte Musik, die war sehr schön.

Einmal kam ein König vorbeigefahren, der hatte sich verirrt und hörte die Musik; da verwunderte er sich darüber und schickte seinen Bedienten hin, er sollte sich einmal umgucken, wo die Musik herkäme. Er guckte sich um, sah aber nichts als ein kleines Tier auf dem Baum oben sitzen, das war ein Göckelhahn, auf dem ein Igel saß, und der machte die Musik. Da sprach der König zum Bedienten, er sollte fragen, warum er da säße, und ob er nicht wusste, wo der Weg in sein Königreich ginge. Da stieg Hans mein Igel vom Baum und sprach, er wollte den Weg zeigen, wenn der König ihm wollte verschreiben und versprechen, was ihm zuerst begegnete am königlichen Hofe, sobald er nach Haus käme. Da dachte der König: „Das kann ich leicht tun, Hans mein Igel versteht es doch nicht, und ich kann schreiben, was ich will." Da nahm der König Feder und Tinte und schrieb etwas auf, und als es geschehen war, zeigte ihm Hans mein Igel den Weg, und er kam glücklich nach Haus.

Seine Tochter aber, wie sie ihn von weitem sah, war so voll Freuden, dass sie ihm entgegenlief und ihn küsste. Da gedachte er an Hans mein Igel und erzählte ihr, wie es ihm gegangen wäre, und dass er einem wunderlichen Tier hätte verschreiben sollen, was ihm daheim *zuerst begegnen würde, und das Tier hätte auf einem Hahn wie auf einem Pferde gesessen und schöne Musik gemacht; er hätte aber geschrieben, es sollt es nicht haben, denn Hans mein Igel könnt es doch nicht lesen. Darüber war die Prinzessin froh und sagte, das wäre gut, denn sie wäre doch nimmermehr hingegangen. Hans mein Igel aber hütete die Esel und Schweine, war immer lustig, saß auf dem Baum und blies auf seinem Dudelsack.*

Nun geschah es, dass ein anderer König gefahren kam mit seinen Bedienten und Läufern, und hatte sich verirrt, und wusste nicht wieder nach Haus zu kommen, weil der Wald so groß war. Da hörte er gleichfalls die schöne Musik von weitem und sprach zu seinem Läufer, was das wohl wäre, er sollte einmal zusehen. Da ging der Läufer hin unter den Baum und sah den Göckelhahn sitzen und Hans mein Igel oben drauf. Der Läufer fragte ihn, was er da oben vorhätte. „Ich hüte meine Esel und Schweine; aber was ist Euer Begehren?" Der Läufer sagte, sie hätten sich verirrt und könnten nicht wieder ins Königreich, ob er ihnen den Weg nicht zeigen wollte. Da stieg Hans mein Igel mit dem Hahn vom Baum herunter und sagte zu dem alten König, er wolle ihm den Weg zeigen, wenn er ihm zu eigen geben wollte, was ihm zu Haus vor seinem königlichen Schlosse das erste begegnen würde. Der König sagte ja und unterschrieb sich dem Hans mein Igel, er sollte es haben. Als das geschehen war, ritt er auf dem Göckelhahn voraus und zeigte ihm den Weg, und gelangte der König glücklich wieder in sein Reich. Wie er auf den Hof kam, war große Freude darüber.

Nun hatte er eine einzige Tochter, die war sehr schön, die lief ihm entgegen, fiel ihm um den Hals und küsste ihn und freute sich, dass ihr alter Vater wiederkam. Sie fragte ihn auch, wo er so lange in der Welt gewesen wäre, da erzählte er ihr, er hätte sich verirrt und wäre beinahe gar nicht wiedergekommen, aber als er durch einen großen Wald gefahren wäre, hätte einer, halb wie ein Igel, halb wie ein Mensch, rittlings auf einem Hahn in einem hohen Baum gesessen und schöne Musik gemacht, der hätte ihm fortgeholfen und den Weg gezeigt, er aber hätte ihm dafür versprochen, was ihm am königlichen Hofe zuerst begegnete, und das wäre sie, und das täte ihm nun so leid. Da versprach sie ihm aber, sie wollte gerne mit ihm gehen, wann er käme, ihrem alten Vater zuliebe.

Hans mein Igel aber hütete seine Schweine, und die Schweine bekamen wieder Schweine, und wurden ihrer so viel, dass der ganze Wald voll war. Da wollte Hans mein Igel nicht länger im Walde leben, und ließ seinem Vater sagen, sie sollten alle Ställe im Dorf räumen, denn er käme mit einer so großen Herde, dass jeder schlachten könnte, der nur schlachten wollte. Da war sein Vater betrübt, als er das hörte, denn er dachte, Hans mein Igel wäre schon lange gestorben. Hans mein Igel aber setzte sich auf seinen Göckelhahn, trieb die Schweine vor sich her ins Dorf und ließ schlachten; hu! Da war ein Gemetzel und ein Hacken, dass man's zwei Stunden weit hören konnte. Danach sagte Hans mein Igel: „Väterchen, lasst mir meinen Göckelhahn noch einmal vor der Schmiede beschlagen, dann reit ich fort und komme mein Lebtag nicht wieder." Da ließ der Vater den Göckelhahn beschlagen und war froh, dass Hans mein Igel nicht wiederkommen wollte.

Hans mein Igel ritt fort in das erste Königreich, da hatte der König befohlen, wenn einer käme auf einem Hahn geritten, und hätte einen Dudelsack bei sich, dann sollten alle auf ihn schießen, hauen und stechen, damit er nicht ins Schloss käme. Als nun Hans mein Igel dahergeritten kam, drangen sie mit den Bajonetten auf ihn ein, aber er gab dem Hahn die Sporen, flog auf, über das Tor hin vor des Königs Fenster, ließ er sich da nieder, und rief ihm zu, er sollt ihm geben, was er versprochen hätte, sonst so wollt er ihm und seiner Tochter das Leben nehmen.

Da gab der König seiner Tochter gute Worte, sie möchte zu ihm hinausgehen, damit sie ihm und sich das Leben rettete. Da zog sie sich weiß

an, und ihr Vater gab ihr einen Wagen mit sechs Pferden und herr-
lichen Bedienten, Geld und Gut. Sie setzte sich ein, und Hans mein
Igel mit seinem Hahn und Dudelsack neben sie, dann nahmen sie
Abschied und zogen fort, und der König dachte, er kriegte sie nicht
wieder zu sehen. Es ging aber anders, als er dachte, denn als sie ein
Stück Wegs von der Stadt waren, da zog ihr Hans mein Igel die schönen Kleider aus, und stach sie mit seiner Igelhaut, bis sie ganz blutig
war, sagte: „Das ist der Lohn für eure Falschheit, geh hin, ich will dich
nicht", und jagte sie damit nach Haus, und war sie beschimpft ihr
Lebtag.

Hans mein Igel aber ritt weiter auf seinem Göckelhahn und mit seinem
Dudelsack nach dem zweiten Königreich, wo er dem König auch den
Weg gezeigt hatte. Der aber hatte bestellt, wenn einer käme wie Hans
mein Igel, sollten sie das Gewehr präsentieren, ihn frei hereinführen,
Vivat rufen und ihn ins königliche Schloss bringen. Wie ihn nun die
Königstochter sah, war sie erschrocken, weil er doch gar zu wunderlich
aussah, sie dachte aber, es wäre nicht anders, sie hätte es ihrem Vater
versprochen. Da ward Hans mein Igel von ihr bewillkommt, und ward
mit ihr vermählt, und er musste mit an die königliche Tafel gehen, und
sie setzte sich zu seiner Seite, und sie aßen und tranken.

Wie's nun Abend ward, dass sie wollten schlafen gehen, da fürchtete
sie sich sehr vor seinen Stacheln; er aber sprach, sie sollte sich nicht
fürchten, es geschähe ihr kein Leid, und sagte zu dem alten König, er
sollte vier Mann bestellen, die sollten wachen vor der Kammertüre und
ein großes Feuer anmachen, und wann er in die Kammer einginge und
sich ins Bett legen wollte, würde er aus seiner Igelhaut herauskriechen
und sie vor dem Bett liegen lassen; dann sollten die Männer hurtig
herbeispringen und sie ins Feuer werfen, auch dabeibleiben, bis sie vom
Feuer verzehrt wäre.

Wie die Glocke nun elfe schlug, da ging er in die Kammer, streifte die
Igelhaut ab und ließ sie vor dem Bette liegen; da kamen die Männer

und holten sie geschwind und warfen sie ins Feuer; und als sie das Feuer verzehrt hatte, da war er erlöst, und lag da im Bett ganz als ein Mensch gestaltet, aber er war kohlschwarz wie gebrannt. Der König schickte ihn zu seinem Arzt, der wusch ihn mit guten Salben und balsamierte ihn, da ward er weiß, und war ein schöner junger Herr. Wie das die Königstochter sah, war sie froh, und am andern Morgen stiegen sie mit Freuden auf, aßen und tranken, und ward die Vermählung erst recht gefeiert, und Hans mein Igel bekam das Königreich von dem alten König.

Wie etliche Jahre herum waren, fuhr er mit seiner Gemahlin zu seinem Vater und sagte, er wäre sein Sohn; der Vater aber sprach, er hätte keinen, er hätte nur einen gehabt, der wäre aber wie ein Igel mit Stacheln geboren worden und wäre in die Welt gegangen. Da gab er sich zu erkennen, und der alte Vater freute sich und ging mit ihm in sein Königreich.

Mein Märchen ist aus, und geht vor Gustchen sein Haus.

Zunächst begegnen wir dem intensiven Wunsch nach einem Kind. Der Bauer fühlt sich seitens der anderen, die ihn angesichts seiner Kinderlosigkeit verspotten, unvollkommen, sodass er, um den ersehnten Eigenwert zu erlangen, ein Kind will „*und wenn es ein Igel ist.*" Der Kinderwunsch entspricht also nicht so sehr dem Ausdruck von Nähe zur Ehefrau, dem Bedürfnis angesichts der liebenden Verbundenheit ein gemeinsames Drittes zu bekommen, sondern einem narzisstisch geprägten Wunsch nach Kompensation eines subjektiv erlebten Defizits. So fehlt dem Kind bereits vorgeburtlich die Erfahrung, um seiner selbst willen gewollt zu sein, was wir heute als ernst zu nehmende Gefahr für die Entwicklung einer frühen Bindungsstörung betrachten.

Tatsächlich wird das Kind als Halbigel geboren, eine Aussage, die eher symbolisch als real verstanden werden muss. Die Igelstacheln weisen darauf hin, dass das Kind in seiner Identität verletzend ist. Möglicherweise würden wir heute von einem „Schreikind" sprechen, das, weil es sich nicht beruhigen lässt, für die Eltern eine Quelle der Hilflosigkeit und Angst ist. Ein solches Kind verunsichert in einem Maße, dass es häufig emotional verstoßen wird.

„Der kann wegen seiner Stacheln nicht in ein ordentlich Bett kommen." Er konnte auch wegen seiner Stacheln nicht gestillt werden, er hätte die Mutter sonst mit seinen Stacheln verletzt. Dieser Rat wird von Pfarrer gegeben, einer Person die Autorität ist und das Rechte vertritt. So wird eine Verstoßung auch vor dem eigenen Gewissen legitimiert.

Das Kind sitzt nun hinter dem Ofen in der Asche. Es entwickelt in Interpretation der Symbolsprache eine Depression und lebt in der Beziehungslosigkeit über die Dauer von acht Jahren, begleitet vom negativen Wunsch des Vaters, es möge sterben. Von der Mutter wird nichts berichtet. Möglicherweise war sie in diesem Zeitraum ebenfalls depressiv verstimmt. So war das Erleben von Hans mein Igel geprägt von fehlender Nähe, von Düsterkeit und einer Wärme, die nicht von einem lebendigen Menschen, sondern lediglich vom Ofen ausging. Eine Minimalwärme des Umfeldes, die ihn zumindest am Leben hielt?

Nähe und Bezogenheit werden für Hans mein Igel zu etwas Unbekanntem und damit gleichzeitig Bedrohlichen. So entwickelt sich eine Mentalität, die wir vom „Steppenwolf" von Hermann Hesse kennen. Zwar wird Nähe aufgrund der emotionalen Defizite einerseits ersehnt, aber als unbekannte Größe gleichzeitig gefürchtet. So bleibt nur die Flucht in die heroisch verklärte Einsamkeit. Von niemandem abhängig zu sein ist höchstes Ziel und gleichzeitig Flucht vor der Erkenntnis einer frühen Mangelerfahrung.

„Damit hing auch sein Bedürfnis nach Einsamkeit und Unabhängigkeit zusammen. Nie hat ein Mensch ein tieferes, leidenschaftlicheres Bedürfnis nach Unabhängigkeit gehabt als er […] allein (damit) hing wieder sein Leid und Schicksal aufs engste zusammen […]. Und so ging der Steppenwolf an seiner Unabhängigkeit zugrunde […], dass er in einer immer dünner und dünner werdenden Luft von Beziehungslosigkeit und Vereinsamung langsam erstickte."[5]

Während die Mutter sich als Geschenk vom Vater in oraler Bedürftigkeit etwas zum Essen wünscht, die Magd ähnlich materiell Toffel und Zwickelstrümpfe bevorzugt, wählt Hans mein Igel einen Dudelsack. Dieses Instrument hat Ähnlichkeit mit dem Aulos. Es wurde in der Antike im Wesentlichen von den Anhängern des Dionysos gespielt. Dieser uralte Gott, ursprünglich in Kleinasien beheimatet, steht für die reiche Innenwelt des Emotionalen. Er ist der Gott der orgiastischen Feste, ihm wird das Theater zugeschrieben, die Welt der Tragödie und Komödie. So könnte der Dudelsack in seiner Möglichkeit, unendliche Töne mithilfe einer Daueratmung zu erzeugen, auf ein wichtiges Element hinweisen: Hans mein Igel will seine defizitäre emotionale Situation aus eigenen Kräften mit einem langen Atem ausgleichen. Damit im Zusammenhang kommt er dem Ausstoßungsbedürfnis des Vaters entgegen: „Väterchen, lasst mir meinen Gockelhahn beschlagen, dann will ich fortreiten und nimmermehr wieder kommen." Warum ausgerechnet ein Gockelhahn? Jener könnte einerseits in seiner prunkenden Mittelpunktsstellung auf dem Hühnerhof an die narzisstisch geprägte Unbezogenheit des Vaters erinnern. Gleichzeitig wurde dem Gockel aber auch in der Antike die Funktion des Seelenführers zugeschrieben. So vertritt er im Märchen offensichtlich auch ein geistiges Prinzip.

Hans mein Igel fliegt mithilfe des Gockels auf einen hohen Baum, macht mit seinem Dudelsack Musik und hütet Esel und Schweine. Als mögliche Interpretation bietet sich an, dass der Junge in der Lage ist, in der Einsamkeit Kreativität zu entwickeln. Diese umfasst einmal die immaterielle Welt des Musischen, zum anderen den sehr realen Reichtum der sich vermehrenden Schweine und Esel. Dieser Tierbesitz gewinnt eine besondere Bedeutung, wenn wir die Symbolik hinterfragen: Der Esel gilt in unserem Denken überwiegend als minderwertiges, dummes und störrisches Lasttier. In der Antike wurde er dem Dionysos zugeordnet. So wird die Dominanz jenes Prinzips unterstrichen, das sich schon im Dudelsack andeutet: Emotionalität, ein positiv zu interpretierendes Triebleben, dem, möglicherweise als Gegengewicht zur rationalen Welt seiner Primärfamilie, Raum gegeben werden soll.

Im Schwein begegnen wir einem Muttertier, das stellvertretend die Fülle der Leiblichkeit anbietet und damit im Gegensatz zur realen Muttererfahrung des Jungen steht. Schweine sind erstaunlich klug, in ihren primären Bedürfnissen dem Menschen sehr nahe. Ob man seinem eigenen Menschsein nahe kommt, wenn man „Schwein" hat? Oder ist dieses Glück in der „schweinischen" Tatsache verborgen, gern im Schmutz zu wühlen? Es sind unsere dunklen Seiten, hinter denen sich die ursprüngliche psychische Energie verbirgt, die kraftvoll und kreativ das Leben aktiv in die Hand nimmt. Die Perspektive der Analytischen Psychologie legt nahe, dass diese beiden Tierarten Hans den Umgang mit seinen eigenen Schattenseiten erlauben, um dann als vitale Kraft in seine Persönlichkeit integriert zu werden.

„Wenn der Schatten wertvolle Lebenselemente enthält, sollen sie ins Leben eingebaut und nicht bekämpft werden. Dann muss das Ich vielleicht ein Stück moralischen Hochmut opfern und etwas ausleben, was ihm zwar dunkel erscheint, aber doch nicht ist." [6]

In Gestalt des ersten Königs macht Hans erneut eine negative Vatererfahrung. Man könnte nahezu von einer Retraumatisierung sprechen: Der König hat sich im dichten Wald verirrt. Er wird durch die Dudelsackmusik aufmerksam. Analytisch könnte man hinter dem Verirren im Wald ein Verstricktsein in der bewusstseinsgeprägten Dominanz der Königswürde vermuten, die offensichtlich einen angemessenen Weg zu sich selbst verstellt. Hans mein Igel ermöglicht dem König das Heimkommen um den Preis seiner Tochter. Doch jener schätzt Hans als dumm ein und betrügt ihn. Der zweite König scheint eine Wiederholung der Situation zu provozieren, aber er vertritt den Aspekt von Offenheit und Ehrlichkeit.

Bevor Hans jedoch den ihm gemäßen Lohn erhält, wodurch der Erlösungsprozess eingeleitet wird, muss er seine Primärsituation in aller Belastung abschließen und hinter sich lassen.

Die forcierte Autonomieentwicklung des Jungen, die einer Flucht nach vorn gleicht, um der emotionalen Mangelsituation und der damit verbundenen Depression zu entgehen, muss in einer Regression auf die anale Entwicklungsposition korrigiert werden. Der Macht-Ohnmachtskomplex, der das frühe Beziehungsgeschehen bestimmte, gewinnt dramatische, nahezu sadistische Ausmaße. Hans kündigt seine Rückkehr mit seiner Riesenherde Schweine und Esel an. *„Jeder solle schlachten, der nur schlachten könne.“* Es war ein *„Gemetzel und Hacken, dass man es zwei Stunden weit hören konnte.“*

Diese extreme Kraftdemonstration löst beim Vater offensichtlich erneut massive Ängste aus. *„Er war froh, dass Hans nicht wiederkommen wollte.“*

Nun versucht Hans, die Vergangenheit hinter sich zu lassen und den erlösenden Schritt nach vorn zu wagen. Mit seinem neu beschlagenen Gockelhahn sucht er den ersten König auf. Dieser hatte verordnet, dass, wenn jemand auf einem „Göckelhahn“ mit einem Dudelsack käme, sie auf ihn schießen, hauen und stechen sollten. Als Antwort reagiert Hans in gleicher Weise: *„er stach sie (die Königstochter) mit seiner Igelhaut, bis sie ganz blutig war. Das ist der Lohn für eure Falschheit, geh hin, ich will dich nicht. Und jagte sie nach Haus und ward beschimpft ihr Lebtag.“*

Der eigentliche Erlösungsprozess vollzieht sich in der Begegnung mit einer neuen positiven Vaterfigur und einer liebevollen Frau. Hans begegnet erstmals Echtheit, Wahrhaftigkeit und Dankbarkeit, die sich in Liebe auf ihn konzentrieren. So kann auch er sich vertrauensvoll öffnen und seine stachlige Igelhaut ablegen. Und nicht nur das: Er wagt es, sie dauerhaft vernichten zu lassen durch die Kraft des Feuers und dessen läuternde Kraft. Allerdings, die subjektive Neuorientierung geht nicht auf Anhieb. Hans wird zwar ein schöner junger Mann, doch er ist schwarz, gewissermaßen gebrandmarkt. Es bedarf noch der heilenden Hände des Arztes, um über die liebevolle Berührung und die heilkräftige Salbe die frühe Verletzung der Psyche, die sich auch heute häufig in Hauterkrankungen widerspiegelt, zu bewältigen. Über diese guten neuen Erfahrungen mit dem Männlichen, über Halt, Akzeptanz und Struktur kann sich Hans mit seiner Geschichte aussöhnen. *„Der alte Vater freute sich und ging mit ihm in sein Königreich."*

Welche Entwicklungschance bot sich Hans mein Igel trotz seiner frühen negativen Prägungen? Über das Erleiden früher Bindungsdefizite war er gezwungen, in hohem Maße die Kräfte der Intuition zu entwickeln, um zu überleben. Er lernte, vorsichtig mit dem Schatz des Vertrauens umzugehen und sich nicht durch vordergründige Freundlichkeit bestechen zu lassen.

Die depressive Atmosphäre seiner ersten Lebensjahre zwang ihn schon früh, den „Ernst des Lebens" zu erkennen. Er verinnerlichte aber zusätzlich, dass Trennung eine Chance zur freien Eigenentwicklung bietet und nicht nur unter dem Aspekt des Verlustes zu betrachten ist. Nur durch Distanzierung und Entfaltung von Aktivität kann es gelingen, aus der passiv erlittenen trostlosen Primärsituation heraus zu wachsen.

Hans mein Igel war jedoch allein gelassen im Versuch, seine frühen Prägungen konstruktiv zu bewältigen. Er war gezwungen, sich selbst zu behaupten, eine verfrühte Autonomie unter Beweis zu stellen, um zu überleben.

Die Einsamkeit im Wald schließlich erlaubte ihm, aus der Distanz, die seine Position auf dem Baum symbolisch darstellt, eine andere Perspektive zu gewinnen. So konnte er sich auf seine Intuition besinnen, die aus der Verwirrung den richtigen Weg finden lässt. Diese Fähigkeit wird im äußeren Bild der Begegnung mit den Königen als Wiederholung und Korrektur seiner Vatererfahrung sichtbar. Hans ist jetzt in der Lage, zwischen hellen und dunklen Persönlichkeitsanteilen zu unterscheiden, bei jenen, wie bei sich selbst. Dadurch kann er sich auf eine liebevolle Begegnung vertrauensvoll einlassen und auf seine stachlige Haut verzichten. Diese mag auch als Bild für seine aggressiv-heroische Abwehrhaltung zu verstehen sein. Der „Steppenwolf" kann sich auf Beziehungen einlassen. Statt in vorwurfsvoller Haltung zu verharren, versöhnt sich Hans mit seiner Geschichte. Er erlöst sich selbst zum Menschsein.

Muttermangel und kreative Bewältigung

Die Mutter in ihrer Person, in ihrem Fühlen und Handeln bestimmt die frühesten Erfahrungen eines Kindes. Vorgeburtlich und in den ersten Lebensjahren bestimmt ihre Haltung zur Welt und zum Kind dessen Lebensgefühl. Positive Empfindungen, liebevolle Bezogenheit und die Bereitschaft, Sicherheit und Orientierung zu geben, schaffen die Voraussetzungen für Urvertrauen und Zuversicht beim Kind. Dann kann sich, selbst unter widrigen Umständen, Selbstvertrauen entwickeln. Auch wenn die reale Mutter verloren geht, wenn sie vergleichsweise früh stirbt, sind die Spuren ihrer erfahrenen positiven Nähe in den Kinderjahren verinnerlicht und erlauben Jugendlichen und Erwachsenen eine Aktivierung von Ichkräften. So lassen sich schwierige Lebenssituationen kreativ bewältigen, weil die Halt und Geborgenheit gebenden frühen Erfahrungen als innere Stimme Lösungsimpulse vermitteln. Diese Wahrheit mag über die Symbolik des Ratsuchens am Grab der Mutter, die wir aus vielen Märchen kennen, ausgedrückt werden.

Märchen: Ederland, die Hühnermagd

Es war einmal eine Frau, die hatte drei Töchter. Sie war sehr krank und wartete jeden Tag darauf, dass der Tod an ihre Tür klopfen würde. Deshalb rief sie ihre drei Töchter zusammen und verteilte unter sie, was sie hatte. Aber sie teilte nicht gleichmäßig; den beiden ältesten, die immer hübsch und geputzt waren, gab sie ihre ganze Habe, und die jüngste, die kleine Ederland, bekam nur einen Teigtrog, einen Besenstiel und eine Schürze.

Die Mutter lebte nur noch kurze Zeit, und als sie gestorben war, teilten sie das Erbe so, wie sie bestimmt hatte, und da sagten die beiden ältesten Schwestern zu Ederland: „Da kannst du es wieder sehen, Ederland, dass die Mutter uns lieber gehabt hat als dich; denn dir hat sie nur den elenden Teigtrog und den Besenstiel und die Schürze gegeben." Aber die kleine Ederland war still und geduldig und glaubte doch, dass ihre Mutter sie gleich lieb gehabt hätte wie die beiden anderen.

Nach einiger Zeit kamen alle drei Schwestern in Dienst in ein vornehmes Haus. Die beiden ältesten waren im Hause selbst und hatten bei allen Arbeiten mitzuhelfen; die kleine Ederland war nur Hühnermagd. Aber es dauerte nicht lange, so merkte der Herr, dass sein Geflügelhof noch nie in so gutem Stand gewesen war, als seit Ederland ihn besorgte, und er lobte sie sehr. Das hörten die älteren Schwestern nicht gerne. Schließlich kamen sie darauf, dem Herrn zu sagen, dass Ederland noch viel mehr vermöge, wenn sie nur wolle. Sie wüssten gewiss, dass sie einen Leuchter beischaffen könnte, der ohne Licht leuchtete; wenn sie es leugne, so wolle sie eben nicht. Als der Herr das hörte, rief er sofort nach Ederland und sagte zu ihr: „Ich habe gehört, du könntest mir einen Leuchter verschaffen, der ohne Licht leuchtet; den möchte ich haben, und du musst ihn mir verschaffen. Es hilft dir gar nichts, wenn du dich weigerst, denn ich weiß, du kannst, wenn du willst."

Klein Ederland weinte und sagte, sie wollte ja gerne, wenn sie nur könnte, aber das sei eine Aufgabe, die sie einfach nicht lösen könne. Aber der Herr glaubte ihr nicht. „Hier hilft dein Reden nicht" sagte er, „du musst mir den Leuchter verschaffen, aber dafür bekommst du auch zwei Scheffel Gold!"

Klein Ederland ging weinend hinaus und gleich zum Grab ihrer Mutter; und wie sie da stand und weinte, kam die Mutter aus dem Grab hervor und sagte: „Du musst nicht weinen; geh nur heim und verlange vom Herrn zwei Scheffel Salz und nimm deinen Besenstiel und setze ihn als Mast in den Teigtrog und binde die Schürze als Segel fest und fahre mit deinen zwei Scheffeln Salz aufs Meer; dann wirst du dahin kommen, wo du den Leuchter, der ohne Licht leuchtet, bekommen kannst!" Damit sank die Mutter wieder ins Grab, und Klein Ederland ging heim und verlangte vom Herrn zwei Scheffel Salz. Das bekam sie, und dann richtete sie ihren Teigtrog her, mit dem Besenstiel als Mast und der Schürze als Segel, nahm ihre zwei Scheffel Salz und fuhr auf das wilde Meer hinaus, wohin die Wellen sie trugen.

Sie fuhr weit umher, aber schließlich landete sie auf der Trollinsel und ging mit ihren zwei Scheffeln Salz an Land. Irgendwo sah sie ein Haus. Da ging sie hin, kletterte aufs Dach und schaute zum Schornstein hinunter. Da unten stand die alte Trollmutter und kochte Brei für ihre Söhne. Und auf dem Herd neben dem Breikessel stand der Leuchter, der ohne Licht leuchtete. Den wollte Ederland ja haben, und als die alte Trollmutter sich umkehrte, schüttete sie ihre zwei Scheffel Salz hinunter in den Brei. Gleich darauf kam die Trollmutter wieder und versuchte den Brei; aber der war schrecklich versalzen. Da nahm sie den Eimer und wollte Wasser holen, um den Brei noch einmal aufzukochen. Aber Ederland ließ sich in einem Hui durch den Schornstein hinunter und lief hinter ihr drein, und als die Alte sich über den Brunnenrand beugte, um den Eimer aufzuziehen, gab ihr Ederland einen Stoß in den Rücken, dass sie kopfüber hineinfiel und nicht mehr lebendig zum Vorschein kam. Ederland holte nun eiligst den Leuchter und lief hinunter zu ihrem Schiff. Und als sie gerade ein Stückchen vom Lande weg war, sah sie die Trolle heimkommen und gleich darauf kamen sie an den Strand gelaufen und riefen ihr nach: „Ederland! Ederland! Du hast unsere alte Mutter in den Brunnen geworfen und unseren Leuchter genommen! Wenn du noch einmal hierherkommst, werden wir uns bitter rächen!" Aber Ederland rief zurück: „Ja, ich komme noch zweimal wieder!" und fuhr vergnüglich heim. Der Herr war voller Freude, als er den Leuchter sah, der ohne Licht leuchtete. Klein Ederland bekam ihre zwei Scheffel Gold, und da war sie auch froh. Aber ihre Schwestern ärgerten sich jeden Tag über ihr Glück und dachten nur daran, wie sie ihr die Freude versalzen könnten. Schließlich sagten sie wieder zum Herrn, Ederland könne noch viel mehr. Sie könne ein Pferd beischaffen mit Glöckchen an allen vier Beinen, das man hören könne, lange ehe es da sei, und das man immer wiederfinde, wie weit es sich auch verlaufen habe. Ein solches Pferd hätte der Herr nun noch viel lieber gehabt als den Leuchter, den er schon besaß. Er ließ sofort Ederland rufen und sagte zu ihr, er wisse wohl, dass sie ihm ein Pferd verschaffen könne, das an allen vier Beinen Glöckchen hätte und das man von weitem höre und das sich nie verlaufen könne, weil man es immer höre, so weit es auch fort sei. Das Pferd solle sie ihm verschaffen. Ederland weinte und sagte, sie wolle ja gerne, aber sie könne nicht. Aber der Herr wollte sich nicht damit zufriedengeben. „Du kannst wohl, wenn du willst" sagte er, „das Pferd musst du mir verschaffen, ich will dir auch drei Scheffel Gold dafür geben."

Ederland ging wieder an das Grab ihrer Mutter und weinte und war sehr betrübt. Aber die Mutter erhob sich wieder aus dem Grab und sagte zu ihr: „Weine nicht, Klein Ederland! geh heim und bitte den Herrn um vier Büschel Werg und nimm sie mit und setze dich in deinen Teigtrog mit dem Besenstiel und der Schürze, wie das letzte Mal. Dann wirst du an einen Ort gelangen, wo du das Pferd mit den Glöckchen an allen vier Beinen bekommen kannst." Darauf sank die Mutter wieder in ihr Grab; aber Klein Ederland ging heim und verlangte vom Herrn die vier Büschel Werg. Sie bekam sie sogleich und fuhr in ihrem Teigtrog auf das Meer, mit dem Besenstiel als Mast und der Schürze als Segel. Auch dieses Mal landete sie wieder auf der Trollinsel. Es war gerade die Zeit, wo die Trolle zu Hause waren und zu Mittag aßen, und auf der Wiese vor dem Haus graste das Pferd mit den Glöckchen an den Beinen. Aber Ederland schlich sich hin zu ihm, band um jedes Bein ein Büschel Werg, sodass die Glöckchen nicht läuten konnten, und zog das Pferd an den Strand hinunter. Aber gerade als sie es ins Boot führte, löste sich der Wergbüschel von dem einen Bein, und gleich fing die Glocke zu klingeln an, und alle Trolle kamen an den Strand gerannt. Aber Klein Ederland hatte das Pferd doch glücklich ins Boot gebracht und war gerade ein kleines Stück vom Lande weggekommen, als die Trolle am Ufer anlangten. Sie gerieten in greuliche Wut, als sie sahen, dass Ederland mit ihrem Pferd entkommen war, und riefen ihr nach: „Ederland! Ederland! du hast unsre alte Mutter umgebracht und uns unseren Leuchter genommen, und nun hast du unser Pferd gestohlen! Wenn du wieder kommst, werden wir uns bitter rächen!" Aber Ederland rief zurück: „Ja, ich komme noch einmal!"

Wie nun Ederland mit dem Pferd heimkam, war der Herr voller Freude, und er gab ihr gern die drei Scheffel Gold, die er ihr versprochen hatte, und sie war auch sehr froh. Aber ihre beiden Schwestern freuten sich gar nicht über ihr Glück; sie dachten Tag und Nacht an nichts anderes, als wie sie ihr Böses antun könnten, und einige Zeit darauf sagten sie zu dem Herrn: „Ederland könnte Euch noch etwas viel Besseres verschaffen, als was Ihr bis jetzt habt, wenn sie nur wollte: nämlich ein Schwein, von dem man so viel Speck ausschneiden kann, als man will, es bleibt doch immer gleich viel dran." Das kam dem Herrn als das Allerschönste vor, und Ederland musste gleich kommen, und er sagte zu ihr: „Ich habe gehört, dass du mir ein Schwein verschaffen kannst, von dem man so viel Speck abschneiden kann, als man will, und das doch immer gleich fett bleibt; dieses Schwein muss ich haben!" Vergebens weinte Ederland und sagte: „Ich wollte ja gern, wenn ich nur könnte; aber ein solches Schwein kann ich Euch nicht verschaffen!" Doch der Herr wollte nichts davon wissen: „Du kannst und musst mir das Schwein verschaffen", sagte er, „dafür will ich dir aber auch alle Herrlichkeit, die du hier siehst, schenken!"

Aber Klein Ederland war sehr traurig. Sie ging an das Grab ihrer Mutter und weinte bitterlich. Da stieg die Mutter aus ihrem Grab und sagte zu ihr: „Weine nicht, Klein Ederland! geh nur heim und verlange vom Herrn zwei Speckseiten und setze dich in dein Boot und fahre aufs Meer. Dann wirst du schon dahin kommen, wo du dieses Schwein bekommen kannst!" Und als sie das gesagt hatte, sank sie wieder in ihr Grab hinunter. Ederland ging nach Hause und bekam die zwei Speckseiten, setzte sich in ihren Teigtrog mit dem Besenstiel als Mast und der Schürze als Segel, und der Wind blies sie wieder übers Meer bis an die Trollinsel. Es war gerade um die Zeit, als die Trolle ihren Mittagsschlaf hielten. Das Schwein war auf der Weide, aber die Trolle hatten einen kleinen Buben angestellt, der es hüten sollte.

Ederland lief zu dem Buben hin und sagte zu ihm: „Diese zwei Speckseiten sind für die Trolle; willst du sie hinauftragen, so will ich unterdessen das Schwein hüten." Der Knabe dachte sich nichts Böses dabei; er nahm den Speck und lief damit ins Haus. Aber wie er den Trollen erzählte, auf welche Weise er zu den zwei Speckseiten gekommen war, dachten sie gleich, Ederland könne wieder die Hand im Spiel haben, und rannten, was sie konnten, an den Strand hinunter. Und da hatte Ederland das Schwein noch nicht ins Boot bringen können.

Da packten die Trolle das Schwein und sie selbst; und Ederland schleppten sie ins Haus und übergaben sie dem alten Trollvater und sagten, er solle sie schlachten und ihnen ein recht gutes Abendessen vorsetzen, wenn sie von der Arbeit nach Hause kämen. Dann gingen die Trolle fort, und Ederland blieb allein mit dem alten Trollvater zurück. Der schleppte einen großen Block herbei und stellte die Axt daneben und sagte zu ihr: „Nun leg deinen Kopf auf den Block, dass ich ihn abhauen kann!" – „Ja, das will ich schon", sagte Ederland, „aber ich weiß gar nicht, wie ich mich dazu anstellen soll; du musst es mir schon vormachen!" – „Ach", sagte der alte Troll, „das ist ja ganz einfach, du brauchst es nur so zu machen", und damit legte er seinen Kopf auf den Block. In einem Hui hatte Ederland die Axt ergriffen und hieb ihm mit einem Schlag das Haupt ab. Dem Kopf setzte sie dann die Zipfelmütze auf und legte ihn ins Bett, und den Körper tat sie in den Suppenkessel, der über dem Herde hing. Dann lief sie hinunter an den Strand, nahm das Schwein und fuhr damit auf ihrem Boot davon.

Aber bald darauf kamen die Trolle nach Hause und machten sich gleich über das Essen her, das auf dem Feuer stand. Sie wunderten sich sehr, dass das Fleisch so zäh war, obgleich es doch junges Fleisch war. Aber sie hatten Hunger und würgten es doch hinunter. Schließlich jedoch fiel einem von ihnen ein, dass ihr alter Vater doch auch dabei sein müsste. Und er ging hin und rüttelte ihn. Aber da gab es einen großen Schrecken, als sie sahen, dass nur sein Kopf im Bett lag. Nun merkten sie, wie die ganze Sache zugegangen war, und rannten vom Essen weg an den Strand. Aber da fuhr Ederland schon weit draußen auf dem Meer. Da kamen die Trolle in die höchste Wut und riefen ihr nach: „Ederland! Ederland! du hast unsere alte Mutter umgebracht, du hast unseren Leuchter genommen, du hast unser Pferd gestohlen, und nun hast du unseren alten Vater umgebracht und unser Schwein gestohlen! Wenn du noch einmal kommst, werden wir uns bitter rächen!" Aber Ederland rief zurück: „Ich komme nicht wieder; aber ich will euch zwei schicken, an denen ihr ebenso viel Freude haben sollt wie an allem, was ich euch gestohlen habe."

So fuhr Klein Ederland heim, und der Herr empfing sie mit großer Freude, und bald darauf hielten sie Hochzeit und lebten in Glück und Zufriedenheit. Aber die Schwestern blieben bei ihr und grämten sich von Tag zu Tag mehr über Ederlands Glück. Da sagte eines Tages Ederland zu ihnen: „Wenn ihr Lust habt zu segeln, so könnt ihr gern mein Boot haben!" Und die Schwestern wollten es gleich probieren. Sie stiegen ins Boot und fuhren drauflos und kamen auch auf die

Trollinsel. Aber da packten die Trolle sie und kochten und brieten sie und freuten sich sehr des guten Fanges.

Die Ausgangssituation ist von Mangel, Trauer und Verzicht gekennzeichnet. Die Mutter der kleinen Ederland stirbt, der Vater fehlt und es gibt zwei ältere neidische Schwestern, die ihr nichts gönnen. Auf diesem Hintergrund erlebt Ederland zusätzlich Ungerechtigkeit im Verteilen des Erbes. Sie bekommt lediglich einen Teigtrog, einen Besenstiel und eine Schürze. Es sind zunächst Symbole, die eine Zukunft des arbeitssamen, hausfraulichen Tuns zu entwerfen scheinen. So beurteilen es auch die beiden älteren Schwestern. Sie sehen in den schlichten Gegenständen den Beweis dafür, dass ihre Mutter sie bevorzugt habe, indem sie allen wertvollen Besitz bekamen. Betrachten wir diese Primärsituation, scheint für das junge Mädchen kein großer Entwicklungsspielraum gegeben. Ederland hat die Kleine zu bleiben, ihre Rolle scheint festgeschrieben in der Unterwerfung und im Dienen. In der Fortsetzung bestätigt sich diese Perspektive: Ederland wird Hühnermagd, während die Schwestern eine bessere Rolle im Haushalt des Herrn zugeteilt bekommen. Ederland wird jedoch von dem Herrn anerkannt. Vielleicht deutet sich hier eine Bevorzugung seitens des Väterlich-Männlichen an, sodass bei den Schwestern Neidgefühle und Rivalität erwachen. Ihr Einfall, Ederland könne einen Leuchter beschaffen, der ohne Licht leuchte, verrät ihr Ahnen um besondere Fähigkeiten ihrer jüngsten Schwester. Gleichzeitig konfrontiert diese Forderung Ederland mit nahezu unlösbaren Schwierigkeiten.

Die Ausgangssituation stellt sich damit in einer gewissen Doppelbödigkeit dar: Ederland ist offenbar in der Lage, Licht ins Dunkel zu bringen, was gleich zu setzen ist mit der Fähigkeit zur Erkenntnis äußerer Gegebenheiten, aber auch innerer Wirklichkeiten. Nicht zufällig wird jedoch das Mädchen „Klein Ederland" genannt. Offenbar ist der andere Pol ihrer Persönlichkeit von einer gewissen Kindlichkeit geprägt. Ihre persönliche Entwicklungsaufgabe hieße also, diese Reifungsdisharmonie zu überwinden, erwachsen und damit selbstverantwortlich zu handeln. Das schließt ein, sich erkennend mit den eigenen dunklen Seiten vertraut zu machen und sie der bewussten Lebensführung anzugliedern.

Noch dominiert jedoch Ederlands Kindsein. Sie sucht den Rat der Mutter, um die unlösbar erscheinende Aufgabe zu bewältigen. Dieser regressive Schritt kann als emotionales Zurücktauchen in den Zustand der Geborgenheit verstanden werden. Die Mutter repräsentiert jedoch nicht ausschließlich Trost, sondern gibt Hilfe zur Selbsthilfe. Dieser Impuls zur Aktivität genügt, um die depressive Stimmung zu überwinden und Zuversicht zu entwickeln. Mit einfachen Mitteln wagt Ederland sich aufs Meer, liefert sich symbolisch gesprochen dem weiblichen Raum aus und landet auf der Trollinsel. Indem sie sich auf das Dach des Trollhauses begibt, gewinnt sie einen neuen Standpunkt und kann mütterliche Fürsorge in Gestalt des Breikochens aus einer neuen Perspektive betrachten. Neben dem Breikessel befindet sich der besondere Leuchter. Bevor dieser jedoch zum Besitz wird, bevor das Licht eines neuen Bewusstseins leuchtet, ist das Aufgeben alter Positionen notwendig. Der versalzene Brei signalisiert, in einer möglichen

Parallele zu eigenen primären Erfahrungen des Mädchens, dass auf frühe Bedürfnisse, selbst wenn sie nicht vollständig erfüllt wurden, verzichtet werden muss. Indem Ederland selbst diesen Verzicht aktiv ausübt, gewinnt sie den neuen Wert der Klarsicht, den der selbst leuchtende Leuchter repräsentiert.

Hierzu gehört, dass Ederland sich gegenüber den Trollen bewusst zu ihrer Tat bekennt. Gleichzeitig weiß sie, dass mit diesem ersten Schritt die psychische Neuorientierung noch nicht abgeschlossen ist. Entscheidend ist jedenfalls, dass die Depression als direkte Reaktion auf den subjektiven Mangel offensichtlich bewältigt werden konnte. Ederland hat einen aktiven Entwicklungsschritt gewagt und fährt „vergnüglich" zurück.

Die Fortsetzung des Märchens zeigt, wie rasch eine positive und zuversichtliche Perspektive kippen kann, wenn sich erneut scheinbar unlösbare Aufgaben auftun. Wie ist es möglich dem, Herrn dieses besondere Pferd zu beschaffen, das in seiner Symbolik Ausdruck männlicher Kraft und Stärke ist? Wird Ederlands Verzweiflung nicht verständlich, wenn sie vor der Aufgabe steht, die Stärke des Herrn, seine Männlichkeit zu unterstützen. Es ist zusätzlich vor allem aber auch eine innere Aufgabe. Das Mädchen soll seine eigene „Pferdestärke", seine vitale Dynamik gewinnen und sie ihrer bewussten Persönlichkeit angliedern. Diese Stärke ist jedoch noch im Besitz der Trolle. Damit wird ausgesagt, dass sie noch im vitalen, weitgehend unbewussten Triebleben gebunden ist. Sie steht somit noch nicht als geistige Kraft zur Verfügung.

C. G. Jung bezeichnet diese als „Animus." Es ist die unentwickelte, häufig ins Abseits gedrängte Seite, die als männliches Gegenbild in jeder Frau veranlagt, eine archetypische Gegebenheit ist. Es ist ein strukturgebendes Prinzip, die Fähigkeit, klug, überlegen und weitblickend sowohl zu erkennen als auch zu handeln. Das verlangt geistige Anstrengung. Gleichzeitig ist aber damit auch die Notwendigkeit verbunden, bei Bedarf List anzuwenden, um das gewünschte Ziel zu erreichen. List ist eine Eigenschaft, die im Chinesischen in den Bereich der Weisheit gehört, etwas, das nur über das Licht der Erkenntnis gewagt werden kann.

Damit umschreibt die Aufgabe, jenes besondere Pferd zu gewinnen, ein Doppeltes: Objektorientiert gilt es, dem Herrn Hilfestellung im Aufbau seiner männlichen Identität zu geben, die wiederum Voraussetzung für eine gelingende Partnerschaft ist. Aus der Subjektperspektive soll Ederland als Konsequenz der Erkenntnis, die sie über den Leuchter gewonnen hat, ihre geistigen Möglichkeiten ins Bewusstsein heben. Das bedeutet aber auch, jenseits von Moralvorstellungen und Rollenklischees Autonomie und innere Unabhängigkeit zu verwirklichen und mit lebenspraktischer Klugheit einen eigenen Weg zu gehen. Hierzu gehört auch die List, wenn erkannt worden ist, dass in der offenen Konfrontation kein Sieg zu erringen ist.

Wieder zeigt ihr die Mutter den eigenen Weg, ohne genaue Handlungsanweisungen zu geben. Damit verhält sich die Mutter dem Alter Ederlands entsprechend, indem sie deren autonome Kräfte unterstützt und ihr die Fähigkeit zur Lösung des Problems zutraut. Die wegweisende Unterstützung, zu der sich die primär wertlos erscheinenden Erbstücke entwickelt haben, führen Ederland wieder zur

Trollinsel. Diese sind als archaische, unentwickelte Persönlichkeitsanteile zu verstehen, mit denen sich die junge Frau noch weitergehend auseinandersetzen muss. Die Hufe des besonderen Pferdes mit Werg zu umwickeln, damit die Glöckchen nicht verräterisch klingen, ist zwar ein guter Einfall, um den Wert des Männlichen zu gewinnen. Gleichzeitig ist jedoch Sorgfalt und Gründlichkeit im Umgang mit den im Pferd symbolisierten Kräften notwendig. Zu schnelle Offenbarung der neu entdeckten Geistqualitäten kann destruktive Triebkräfte auf den Plan rufen und damit den neu gewonnenen Wert gefährden. Ederland gelingt in letzter Minute das innere Gleichgewicht und sie segelt im Wissen um einen letzten Besuch bei den Trollen heimwärts. Dieses Mal soll Ederland ein wunderbares Schwein herbeischaffen, initiiert von den neidischen Schwestern vom Herrn befohlen, erneut mit den Worten „du kannst, wenn du willst." Das Schwein wird zwar im Allgemeinen unter dem Aspekt des Unreinen eingeordnet, ein Tier, das im Schlamm wühlt und nur zum Mästen und Schlachten zu taugen scheint. Die vielschichtige Symbolik, die bereits im Märchen „Hans mein Igel" sichtbar wurde, gipfelt in der Menschenähnlichkeit.

Die Forschung hat im Gegensatz zur landläufigen Meinung festgestellt, dass das Schwein dem Menschen am ähnlichsten ist, über Intelligenz verfügt und Bedürfnisse hat, die auch die Menschen kennen. Es liegt gern in der Wärme, mit Ausnahme des Kopfes, es reinigt sich gern, macht sein Geschäft diskret und hat einen ausgesprochenen Spiel- und Beschäftigungstrieb. Das „Nürtinger Modell", von Professor Gerhard Schwarting entwickelt, hat sich diese Eigenschaften zunutze gemacht und neue

Formen der Schweineaufzucht entwickelt, die bis nach China exportiert wurden.

Menschliche Sehnsucht umfasst den Wunsch nach Befriedigung realer Bedürfnisse, wobei der Hunger an erster Stelle steht. So vermittelt das Bild des Schweins die Gewissheit, physisch zu überleben. Aber, wie die Bibel sagt, „der Mensch lebt nicht vom Brot allein…" Das Sehnen des Menschen gilt immer auch dem immateriellen Wert des Glücks. Die unterschiedlichen Aspekte des Glücks drücken sich im lateinischen in zwei sich unterscheidenden Worten aus: ‚Fortuna' bedeutet, Glück zu haben. Hier wird die Zufälligkeit des Glücks betont. Fortuna ist eine launische Göttin. Über diesen Aspekt des vordergründigen Besitzes hinaus geht der Begriff des „beatus". Hier wird das Glücklich-Sein betont, die Glückseligkeit. Dies ist ein Wert, der unabhängig ist von jeglichem Besitz. Es ist der Zustand, befriedigt zu sein, das zu akzeptieren, was ist und nicht neidisch dorthin zu schielen, wo scheinbar mehr Glück zuhause ist.

Wenn Ederland ein wunderbares Schwein erringen soll, mag ihr damit die Aufgabe gestellt sein, sich mit ihrer Identität, ihrem Gewordensein erneut auseinander zu setzen. War die Ausgangssituation für Ederland von vordergründigem Mangel bestimmt, erfüllt von der bitteren Erfahrung, wenig zu haben und wenig zu bekommen, könnte als Neuerfahrung die unerschöpfliche Fülle ihres Seins, ihrer Fähigkeit, ihr Glück selbst zu gestalten, im Vordergrund stehen. In Gestalt der sich ständig erneuernden Speckseiten könnte auch ein positiv sichernder Zukunftsaspekt angedeutet sein: Das Mädchen soll lernen, sich auf das vertrauensvoll zu verlassen, was als Ressource in ihr liegt. Es ist jenes Glück, das sich bescheiden kann und darüber hinaus auf sich und die eigenen Wachstumskräfte vertraut.

Es ist eine Aussage, die bereits zu Beginn des Märchens angedeutet wurde, als Ederland darauf vertraute, dass ihre Mutter sie nicht weniger lieb gehabt hatte als ihre Schwestern, trotz oder vielleicht gerade im Angesicht des schäbigen Erbes.

Jedes Mal bietet ihr der Herr eine Belohnung an, ob es Gold ist, oder zuletzt, *„alle Herrlichkeit, die sich ihren Augen bieten würde."* Könnte damit ausgedrückt sein, dass der Herr Ederlands besondere Fähigkeiten erahnt, diese höher einschätzt als materielle Werte und sich damit verbinden will? Heißt das innerpsychisch gleichzeitig, dass eben jene kreativen Kräfte im Menschen, der Mut zur Tat, höher einzuschätzen ist als materielle Werte, die einem zufallen, die aber genauso gut wieder verloren gehen können?

Diesmal rät die Mutter dem Mädchen, zwei Speckseiten zu erbitten und sich dann wieder ihrem Boot anzuvertrauen. Es scheint zunächst widersinnig, auf einen Teilaspekt zu vertrauen, um das Ganze zu gewinnen. Vielleicht gewinnt hier jedoch das Gesetz der Homöopathie Bedeutung, die ein Problem über „Gleiches mit Gleichem" löst? Ederland geht mit diesem Geheimnis allerdings sehr unbewusst um. Konsequenterweise wird sie darum von den Trollen erwischt, bevor sie die Aufgabe erfolgreich löst. Sie soll zur Strafe getötet und von den Trollen verschlungen werden, offenbar die einzige Möglichkeit für jene, sich des Mädchens zu bemächtigen und sie in ihrem Tun unwirksam zu machen. Der alte Trollvater soll diese Tat ausführen. Jener repräsentiert weniger das vitale Männliche, als die Perspektive des Unwissenden und Ahnungslosen. Ederland ist nun erneut herausgefordert, sich der List zu bedienen, um das eigene Leben zu retten. List allein genügt jedoch nicht mehr, sondern sie muss auch ihre aggressiven Kräfte einsetzen, damit sich ein wirklicher Entwicklungsprozess vollzieht.

In vielen Märchen begegnen wir dieser Notwendigkeit. Es genügt nicht, ein stilles, liebes angepasstes Mädchen zu sein, um beziehungsfähig zu werden, sondern es gehört immer auch die Tatkraft dazu, die wagt, autonom zu handeln. Der Mensch wird nicht von einem Problem erlöst, indem er es passiv erduldet. Er muss stattdessen den Lösungsprozess aktiv in Gang setzen und sei es den berühmten gordischen Knoten in Identifikation mit Alexander dem Großen aggressiv zu durchschneiden.

Ederland wagt, den alten Trollvater zu töten, ihn, der offensichtlich nicht in der Lage ist, die Persönlichkeit Ederlands emotional zu erfassen. Stellvertretend für die Trolle wird er kopflos gemacht. In manchen Märchen spielt das Köpfen eine Rolle, zumeist als Botschaft, dass Konflikte nicht allein denkend gelöst, sondern verbunden sein wollen mit dem Gesamt emotionalen Erlebens.

Denken und Fühlen sind die beiden Pole, die sich berühren müssen, damit sich Entwicklung ereignet. Jeder Pol für sich gelebt zwingt in die Einseitigkeit, wodurch Lebensrätsel unlösbar werden. Beispiel für die lebensbedrohliche Einseitigkeit des Denkens ist die Geschichte die Prinzessin Turandot. Die Freier, die nicht in der Lage waren, ihr Rätsel zu lösen, wurden getötet und ihre Köpfe auf Zaunlatten aufgespießt. Damit wurde jedem Bewerber im wahrsten Sinne vor Augen geführt, dass das Geheimnis des Lebens nicht über kluges Denken allein gelöst werden kann. Darüber hinaus steckt dahinter aber auch das Wissen, dass materielle Bezogenheit allein, die die Lösungsversuche der Freier prägte, keine (Er)lösung ermöglichte. Das Geheimnis von Turandot war ihre Muttergebundenheit. Es ist naheliegend, die etymologische Gemeinsamkeit von mater und Materie parallel zu setzen.

Im Verhalten der Trolle, der Gegenspieler Ederlands, scheint dieses materielle Denken einseitig zu dominieren. Die ausschließliche Bindung an Nahrung, aber auch an Besitz, prägt ihre Persönlichkeiten. Damit gibt es keine Weiterentwicklung. So sind sie dem Mädchen, das die verschiedenen Facetten seiner Persönlichkeit lebt und sich auf einen autonomen Entwicklungsweg begeben hat, nicht gewachsen. Bezeichnend für diesen Aspekt der Fixierung im vordergründigen Besitz ist ihre maßlose Wut, wenn jener droht, verloren zu gehen.

Ederland kann nach der Bewältigung ihrer Entwicklungsaufgaben zufrieden sein, ausgesöhnt mit ihrer primären, schicksalhaften Notsituation. Sie hat sich aus einer depressiv gefärbten Verhaftung an Materielles heraus entwickelt in ein Bewusstsein für Wesentliches. Sie heiratet den Herrn und ist glücklich, das bedeutet beziehungsfähig. Der Weg war beschwerlich. Er führte sie zur Konfrontation mit den eigenen dunklen Kräften in Gestalt der Trolle. Sie musste sich mit ihnen auseinandersetzen, sie ins Bewusstsein heben, erleuchten. Damit verloren sie ihre destruktive Kraft. Gleichzeitig musste sie jedoch auch aktiv-aggressive Seiten als zu ihrer Persönlichkeit gehörig begreifen. Das Ende der Schwestern unterstreicht nochmals das Gesetz der Homöopathie. Erneut verbindet sich Gleiches mit Gleichem. Das, was sich nicht entwickeln will, geht angesichts seiner einseitigen Ausrichtung zugrunde. Man könnte es auch so interpretieren, dass die Schwestern von ihren eigenen niedrigen Triebimpulsen verschlungen werden.

Ederland hingegen hat eine Primärsituation, die von scheinbarer Benachteiligung bestimmt war, über zunehmend selbstbewusstes und kreatives Handeln bewältigt. Sie hat aus der Abhängigkeit in die Autonomie gefunden.

SINNFRAGE UND BEZIEHUNGSFÄHIGKEIT

Mütterliche, genauso wie väterliche Fürsorge ist die Basis für eine positive Entwicklung. Halt und Geborgenheit sind Voraussetzung für ein gesundes psychisches Wachstum. Die Sicherheit, von Mutter oder Vater bedingungslos geliebt zu sein, stärkt die psychische Widerstandskraft. Die Bindungsforschung weiß, dass die liebevolle Konstanz eines bezogenen Erwachsenen zentral wichtig ist. „Es muss (jedoch) nicht immer Mama sein" (SWR2, Radiosendung Forum mit Gerald Hüther, Prof. Grossmann, Christiane Lutz am 13.3.2007). Entscheidend ist, so wurde im Rundgespräch betont, dass der Säugling grundsätzlich die Erfahrung von Halt und Geborgenheit erlebt. Diese Notwendigkeit kann genauso von Vater, Großeltern, Tagesmutter, oder auch in einer Kindertagesstätte mit optimalem Betreuungsschlüssel (1:3) abgedeckt werden.

Daneben ist jedoch auch die Unterstützung autonomer Entwicklungsschritte wichtig. Erst dann entwickelt sich über die Erfahrung einer inneren Balance ein Selbstwertgefühl, das Handlungsspielräume erlaubt. Selbst widrige Lebensumstände und seelische Belastungen können auf diesem Hintergrund entwicklungsfördernd verarbeitet werden.

Am schönsten wird die doppelte Erfahrungsnotwendigkeit im Kinderlied von „Hänschen klein" dargestellt. Zulassen und Loslassen werden zur wichtigen Erziehungsaufgabe der Eltern. Entscheidend dabei sind jedoch immer der richtige Zeitpunkt und das richtige Maß. Schon Thales von Milet, einer der berühmten Vorsokratiker, sagte um das Jahr 500 vor Christus: „Alles mit Maß." Und dieser Satz hat bis heute nichts von seiner Gültigkeit eingebüßt: Eine zu enge Fürsorge über die Zeit hinaus bindet in Abhängigkeit. Ein zu frühes Verstoßen in die Autonomie überfordert ein Kind und unterstützt die Entwicklung einer depressiven Persönlichkeitsstruktur.

Bezogene Fürsorge ermöglicht
innere Sicherheit

Kinder brauchen die Erfahrung von Fürsorge und Verlässlichkeit, um mit sich und der Welt angstfrei umzugehen. Sie brauchen jedoch in gleicher Weise die Unterstützung eigenständiger Impulse, um angst- und schuldfrei den Mut zur Tat zu entwickeln. Das Gleichgewicht zwischen sorgender und versorgender Begleitung einerseits und der Bereitschaft, dem Kind die Verwirklichung seiner eigenen Impulse zuzugestehen andererseits, ist Aufgabe einer ausgewogenen Erziehung. Sie verlangt von den Eltern auch die Bereitschaft, ihrem Kind zuzutrauen, mit Frustrationen umzugehen und über Irrtum und Korrektur eigenständig zu lernen. Und gerade dieses Loslassen einer Führung „zum Wohl des Kindes" zum richtigen Zeitpunkt ist besonders schwer.

Märchen: Ivas und die Hexe

Es waren einmal ein Mann und eine Frau, die hatten einen Sohn, der hieß Ivas. Und Ivas bat seinen Vater: „Väterchen, Väterchen, bau mir einen Kahn; ich will Fische fangen und euch ernähren." Da machte ihm der Vater einen Kahn, und Ivas fuhr hinaus auf den Fluss, fing Fische und ernährte Vater und Mutter. Doch wenn die Mittagszeit kam, brachte ihm die Mutter das Essen, ging ans Ufer und rief:
„Ivas, mein Söhnlein,
Im goldenen Kähnlein,
Mit silbernem Ruder,
Fahr her geschwind,

Mein liebes Kind!"

Ivas hörte es und sprach zu seinem Kahn:

„Näher, näher fahr ans Ufer!

Mein Mütterlein hat mich gerufen!"

Da schwamm der Kahn heran; Ivas gab der Mutter die Fische, aß sich satt und fuhr wieder davon.

Die Hexe war aber neidisch auf Mann und Frau, weil sie einen so braven Sohn hatten, und fügte ihnen auf alle Arten Böses zu. Einmal waren die Ähren auf dem Felde zu Büscheln ineinander verflochten, ein andermal hatte irgendwer Fäden über die Türöffnung hin gespannt oder einen Pferdeschädel auf die Schwelle gelegt; dann wieder war Mehl gestreut oder die Decke der Hütte mit Blut beschmiert. Doch Mann und Frau beteten zu Gott und gedachten auch der Abgeschiedenen, so ging endlich der Spuk vorüber, ohne Schaden anzurichten. Da rief aber die Hexe aus: „Na, wartet nur!" lief an das Ufer und lockte den jungen Ivas:

„Ivas, mein Söhnlein,

Im goldenen Kähnlein,

Mit silbernem Ruder,

Fahr her geschwind,

Mein liebes Kind!"

Ivas hörte jedoch, dass die Stimme grob war und befahl dem Kahn:

„Weiter, weiter fort vom Ufer!

Mutter war's nicht, die gerufen!"

Da ging die Hexe zum Schmied und bat: „Schmied, lieber Schmied, mach mir eine so feine Stimme, wie die Mutter vom Ivas' sie hat!" Er schmiedete ihr solch eine Stimme, und sie ging abermals an das Ufer und rief:

„Ivas, mein Söhnlein,

Im goldenen Kähnlein,

Mit silbernem Ruder,

Fahr her geschwind,

Mein liebes Kind!"

Da kam er heran; sie aber packte ihn, steckte ihn in einen eisernen Sack und trug ihn zu sich heim. Und als sie vor der Tür anlangte, rief sie: „Hündin-Helenchen, mach auf!" Da öffnete die Tochter Hündin-Helenchen die Türe. Die Hexe zog nun Ivas' ein reines Hemd und Hosen an und gab ihm Nüsse und einen Mörser. Er knackte die Nüsse und aß sie auf. Die Hexe aber flüsterte heimlich der Tochter zu: „Heiz den Ofen, setz den Burschen hinein und sperr zu; dann räum hier alles sauber auf, ich aber will fortgehn und Gäste rufen."

Sie machte sich auf. Hündin-Helenchen heizte den Ofen und legte die Schaufel bereit. „Setz dich auf die Schaufel, Ivas" befahl sie. Da legte er ein Bein drauf.

Doch sie sagte: „Nicht so." Er legte eine Hand drauf. „Nicht doch so!" sprach sie. „Aber setz du dich doch auf die Schaufel", sagte Ivas', „und zeig mir, wie ich sitzen soll." Allein, kaum hatte sie sich draufgesetzt, da packte Ivas die Schaufel und schob sie samt dem Mädchen in den Ofen; wie fing sie dort über dem Feuer an zu brutzeln! Ivas' schloß die Ofenklappe fest zu und sperrte die Hexentochter ein. Dann räumte er in der Hütte auf, ging hinaus, schloß ab und kletterte auf einen sehr, sehr hohen Ahornbaum.

Als die Hexe mit ihren Gästen kam, rief sie: „Hündin-Helenchen, mach auf!" Still blieb es. „Hündin-Helenchen, mach auf! Fort ist sie, und streunt wohl irgendwo herum!" meinte die Hexe. Dann öffneten sie selbst die Tür, und die Gäste setzten sich an den Tisch. Die Hexe nahm den Braten aus dem Ofen heraus, und alle fingen an zu essen. Sie aßen sich tüchtig satt, gingen dann alle hinaus, wälzten sich auf dem Boden und sprachen: „Ich wälze mich, ich torkle hin, hab am Fleisch vom Ivas' mich satt gegessen!" Ivas' aber rief vom Ahorn hinab: „Wälzt euch, torkelt zu Boden, habt an Helenchens Fleisch euch satt gegessen!" Da schrien sie: „Wo ist er?" Guckten nach allen Seiten und erblickten ihn endlich, stürzten zum Ahorn und fingen an, den Baum zu durchnagen. Aber so ging's nicht, sie brachen sich nur die Zähne aus. Da gingen sie zum Schmied und baten ihn: „Schmied, lieber Schmied, mach uns solche Zähne, dass wir den Ahornbaum durchnagen können!" Er schmiedete ihnen solche Zähne, und sie gingen hin und fingen an zu nagen. Da flogen aber wilde Gänse vorbei, und Ivas flehte sie an:

„Gänse, Gänse, liebe Vögel!
Nehmt mich schnell auf eure Flügel,
Tragt mich hin zum Väterchen;
Geb euch zu trinken, zu essen,
Will von allem Guten nichts vergessen!"

Aber die Gänse antworteten: „Mögen die mittleren von uns dich mitnehmen." Da kamen die mittleren Gänse angeflogen, und Ivas bat sie:
„Gänse, Gänse, liebe Vögel!
Nehmt mich schnell auf eure Flügel,
Tragt mich hin zum Väterchen;
Dort gibt es zu trinken, zu essen,
Von allem Guten wird nichts vergessen!"

Die Gänse aber antworteten: „Mag dich die allerschlechteste letzte Gans mitnehmen." Und da kam auch sie herangeflogen: die Arme war zurückgeblieben. Die Hexen aber nagten und nagten unterdessen. Und fast, fast war es schon so weit, dass der Baum fallen musste. Da bat Ivas' die letzte Gans:

„Gänschen, Gänschen, lieber Vogel!
Nimm mich schnell auf deine Flügel,
Trag mich hin zum Väterchen;
Geb dir zu trinken, zu essen,
Will von allem Guten nichts vergessen!"

Da nahm sie ihn auf ihre Flügel. Sie wurde jedoch müde, die Arme, und flog ganz, ganz niedrig! Die Hexen aber waren hinterher und dachten Ivas zu fangen. Sie jagten und jagten ihm nach, aber konnten ihn doch nicht einholen. Und endlich brachte die Gans Ivas nach

Hause und setzte ihn auf dem Schornstein ab; sie selber ging auf dem Hof herum und suchte sich ihr Futter. Unterdessen aber zog die Mutter von Ivas gerade Pasteten aus dem Ofen und sagte: „Diese hier ist für dich, Mann, und diese für mich."

Da rief Ivas durch den Schornstein hinunter: „Und welche ist für mich?" Die Mutter fragte: „Wer ist denn dort?", und nochmals sagte sie: „Hier, diese Pastete ist für dich, Alter, und diese für mich." Da rief Ivas abermals: „Und welche ist für mich, Mutter?" Mann und Frau liefen zur Hütte hinaus, sahen sich nach allen Seiten um und erblickten Ivas auf dem Schornstein. Sie hoben ihn herunter und trugen ihn in die Hütte. Unterdessen watschelte die Gans auf dem Hof herum, die Mutter sah sie und rief: „Da ist ja eine Gans auf dem Hof! Ich will sie fangen und schlachten." Ivas jedoch sagte: „Nein, Mutter, schlachtet sie nicht, sondern füttert sie. Wäre sie nicht gewesen, würd ich nicht hier bei euch sein." Da fütterte die Mutter die Gans und gab ihr zu trinken und streute ihr Hirse hin. Und dann flog die Gans wieder weiter.

Hier habt ihr mein Märchen und einen Bund Kringelchen!

Zu Beginn des Märchens erleben wir ein Elternpaar, das dem Sohn offensichtlich in ausgewogener Form sowohl Geborgenheit und Halt, als auch Autonomieimpulse angeboten hat. So konnte Ivas Selbstständigkeit und Eigeninitiative entwickeln, die ihm erlaubte, in spürbarer Ausgewogenheit zu geben und zu nehmen: er sorgt für die Eltern und wird versorgt.

Man gewinnt den Eindruck, dass Ivas sich in der Schwellensituation zwischen Vorpubertät und Pubertät befindet. Die zentrale Entwicklungsaufgabe in dieser Zeit ist die bewusste Auseinandersetzung mit Bedürfnissen nach Versorgtwerden, nach Geborgenheit und Angebundensein, auf der anderen Seite nach Eigenständigkeit und autonomem Handeln. Das Wasser, das einleitend eine wichtige Rolle spielt, könnte den Gehalt der Geborgenheit versinnbildlichen. Es entspricht der Ursymbolik des Weiblichen, des Lebens schlechthin. Gleichzeitig stellt es aber auch einen verführerischen Sog dar. Es lockt, sich hinein zu begeben um sich fallen zu lassen und damit auf eine eigenständige Persönlichkeitsentwicklung zu verzichten.

Vom Vater bekommt Ivas einen goldenen Kahn und ein silbernes Ruder. Damit unterstützt dieser seine äußere und innere Unabhängigkeit. Der Junge lernt, sich auf dem Wasser zu bewegen, sich diesem Element in seiner Tragfähigkeit anzuvertrauen, seine Fruchtbarkeit zu nutzen, ohne sich verschlingen zu lassen. Die goldene Farbe des Kahns weist in den solaren Bereich, ist Ausdruck und Symbol des männlichen Prinzips. Silber dagegen steht dem Weiblichen nahe, so wie der Mond als weibliches Symbol mit seinem silbernen Schein das Dunkel der Nacht erhellt.

So scheint in der Ausgewogenheit weiblicher und männlicher Wirkkräfte eine nahezu ideale Voraussetzung gegeben, um die Pubertät angemessen bewältigen zu können: Eigendynamik und Unabhängigkeit sind dem Jungen auf der Basis einer sichernden Beziehung zu den Eltern zugänglich. Auf der anderen Seite besteht über die orale Versorgung durch die Mutter eine tragfähige Anbindung ans Elternhaus, die eine mögliche Erweiterung des Entwicklungsspielraums zu versprechen scheint.

Nicht selten ist diese Dualität für Eltern schwer zu begreifen. „Wir sind nur noch Tankstelle", klagte einmal eine

Mutter. Ist das nicht ein wünschenswerter Zustand in dieser pubertären Entwicklungszeit? Die beginnenden Jugendlichen können zuhause auftanken, um ihren Weg in die Autonomie immer sicherer und selbstverständlicher zu wagen. Damit ist das Elternhaus nach wie vor der „sichere Hort", der das Beschreiten eigener Wege im Wissen um belastbare Rückkoppelung erlaubt. Zudem ist dieser sichernde Rückhalt Garant dafür, sich in einer überzogenen Eigen-Willigkeit nicht zu überfordern.

Genau das ist heute oft ein Problem. Geradezu demonstrativ leben Jugendliche Unabhängigkeit und verhindern damit die Wahrnehmung ihrer eigenen Bedürfnisse nach Bindung. In der Entgleisung in die Sucht entschleiert sich die Sehnsucht nach einem Halt, der jedoch als „uncool" eingestuft wird. Jugendliche sind damit in der Gefahr, ein erstrebtes innere Gleichgewicht zu verlieren, bevor es sich befestigen konnte und demonstrieren ihre eigene Orientierungslosigkeit nicht selten in aufsehenerregenden Verhaltensweisen.

Häufig erweckt ein familiäres Gleichgewicht in seiner spürbaren Harmonie bei anderen Menschen Neid und Eifersucht. Die Hexe muss als Repräsentantin dieser Dunkelseite verstanden werden. Bösartig versucht sie über ein Vergiften der Nahrung den frühen sicheren Raum der Versorgung, der Urvertrauen erlaubte, infrage zu stellen. Fäden über die Türöffnung zu spannen, könnte auf dem Hintergrund von Neid und Eifersucht als Hinderung verstanden werden, in einen Geborgenheit gebenden Raum zu gehen, ihn aber auch wieder autonom verlassen zu dürfen. In ihrem Tun übernimmt die Hexe gleichsam eine negative Gegenposition zu dem, was den Eltern in der Beziehung zu Ivas gelungen ist. Zusätzlich bietet die Mythologie noch eine weitere Assoziation an: Die Schicksalsgöttinnen (die Moiren) Urd, Verdandi und Skuld spinnen den Schicksalsfaden in Vergangenheit, Gegenwart und Zukunft. Mit der Symbolik der verstrickten Fäden könnte damit auch auf den Schattenaspekt menschlicher Missgunst hingewiesen werden. Das positive Schicksal, das dem anderen vergönnt zu sein scheint, wird mit dem eigenen, schlechteren verglichen. Schicksal ist jedoch nicht ausschließlich Geschick, das mir zufällig widerfährt, sondern ist Ausgangssituation für ein Leben, das in eigener Regie aktiv gestaltet werden will.

Pferdekopf und Knochen auf der Türschwelle könnten den Aspekt der Behinderung unterstreichen. Das Pferd als männliches Symboltier ist als Kopf allein wertlos. Auch Knochen ohne Fleisch haben keine lebenserhaltende Funktion. So zeichnet sich in diesem Bild symbolisch ein möglicher Gegenentwurf zu einer positiven Entwicklung in der frühen Kindheit ab. Es fehlt gute und werterhaltende Nahrung ebenso, wie eine lebendige Nähe zum Männlichen. Ob der Kopf hier erneut auf die Gefahr einer rationalen Einseitigkeit hinweist? Wie problematisch Beziehungserfahrungen sind, denen überwiegend intellektuelle Förderung und ein hoher Leistungsanspruch zugrunde liegen, zeigt die zunehmende Zahl verhaltensauffälliger Kinder und Jugendlicher, die ein gebrochenes Verhältnis zur eigenen Identität, ebenso wie zum anderen Geschlecht haben.

Mehl auf Leute werfen könnte bedeuten, den Blick zu vernebeln, Klarheit der Wahrnehmung zu erschweren, ähnlich wie man Menschen auch „Sand in die Augen" streuen kann. Gleichzeitig wird aber auch das, was als Grundnahrungsmittel gilt, verschwendet und damit entwertet.

Den Firstbalken schließlich mit Blut zu beschmieren, könnte man mit der sprichwörtlichen Redensart parallel setzen, dass der Hexe das Blut zu Kopf gestiegen ist, oder dass sie dies den Eltern wünscht. Wütend zu werden, hieße in diesem Zusammenhang im wahrsten Sinn an die Decke zu gehen und damit Übereinstimmung und Harmonie in der Familie zu gefährden.

Um den Symbolgehalt der Hexe besser zu erfassen, kann man sie als Ausdruck einer mütterlichen Perspektive verstehen, die den Sohn nicht aus ihrer Abhängigkeit entlassen will. Sie hat ihn „zum Fressen gern." Eine ähnliche Thematik steht in den Märchen von „Hänsel und Gretel" und vom „Wolf und den sieben Geißlein" im Mittelpunkt. Die grobe Stimme, mit der dieser Mutteraspekt Nähe erzwingen will, verrät aber ihren Machtanspruch, sodass sich Ivas noch weiter entfernt. In Dominanz und Machtgebaren äußert sich keine bezogene Mütterlichkeit.

Mit einer vom Schmied geschmiedeten feinen Stimme gewinnt die Hexe den Jungen. Ihm fehlt offensichtlich noch die Fähigkeit klarer Unterscheidung, die Ergebnis des Mutes zur Eigenständigkeit und Eigenverantwortung ist. Der Schmied als Helfershelfer, ebenso, wie der eiserne Sack in den Ivas gesteckt wird, zeugen von der Härte des mütterlichen Besitzanspruchs, der keine autonome Bewegung erlaubt. Die Tochter der Hexe trägt nicht umsonst den Namen „Hündin Helenchen." In hündischem Gehorsam lebt sie die von der Mutter gewünschte Abhängigkeit, die folgerichtig kritische Reflexion unmöglich macht. Vordergründig sorgt die Hexe gut für Ivas, gibt ihm frische Kleider und Nüsse, die er in scheinbarer Autonomie knacken darf. Aber es ist Freiheit an langer Leine, wie der heimlich der Tochter gegenüber geäußerte Auftrag verrät.

Es scheint, als müsse Ivas, um den Weg ins Erwachsenwerden zu finden, regressiv in die Abhängigkeit zurück tauchen, um eine bewusste Eigenständigkeit zu lernen. Auch für dieses Thema gibt es in der Gegenwart genügend Parallelen. Viele junge Eltern nehmen den Erziehungsauftrag sehr ernst. Sie versuchen, das Kind optimal zu begleiten, ihm die Schwierigkeiten des Lebens bestmöglich aus dem Weg zu räumen, materielle Bedürfnisse zu befriedigen und Bildungsangebote ausreichend zur Verfügung zu stellen. Der beste Kindergarten mit optimaler Frühförderung, Musikschule und Sportangebote – es fehlt nichts, außer der Erziehung zur Frustrationstoleranz. So entwickelt sich ein passiver Versorgungsanspruch, der Lebenstüchtigkeit erschwert. Die Kinder lernen nicht mehr, sich „durchzubeißen", sie empfinden Schwierigkeiten nicht als Herausforderung, sondern als unangemessene Zumutung, der sie sich nicht gewachsen fühlen.

Die Lebensgefahr, in der Ivas schwebt, fordert ihn jedoch heraus, einfallsreich zu werden: Listig kehrt er die Rollen um, sodass die Tochter statt des Jungen zum Braten für die Hexe und ihre Gäste wird. Ivas befindet sich aber ganz offensichtlich im inneren Zwiespalt. Er möchte Autonomie leben, aber auf die Gebundenheit, als scheinbare Sicherheit, nicht verzichten. C. G. Jung hat für diese Position den Begriff des „Tricksters" gefunden. Die für diese Position charakteristische Ambivalenz offenbart sich im weiteren

Handeln des Jungen: Seine Flucht auf einen hohen Ahorn, eines bekanntlich zähen und widerstandsfähigen Baumes verrät zwar Mut und Eigenständigkeit, trotzdem bleibt er über eine pubertär anmutende Demonstration vordergründiger Überlegenheit abhängig. Er verkennt, dass die erworbene Freiheit in luftiger Höhe nur eine scheinbare ist. Auch die archetypische Bildersprache unterstreicht diesen Aspekt: Über die Verwurzelung des Baumes ist er noch fest mit der Mutter Erde verknüpft. Dass die Unabhängigkeit des Jungen noch illusionär ist, beweisen die eisernen Zähne, die der Schmied der Hexe und ihren Gästen zur Verfügung stellt. Damit droht Ivas erneut die Gefahr einer verschlingenden Mutterinstanz, die mit eiserner Gewalt ihre Macht aufrechterhält.

Ivas ist auf die Hilfe der wachsamen und klugen Gänse, die im wahrsten Sinn vogelfrei sind, angewiesen, um der drohenden Gefahr zu entgehen. Symbolisch sind Vögel Repräsentanten des männlichen Prinzips. Sie sind in ihrer Bewegung nicht an die Erde gebunden. Gänse sind darüber hinaus wachsam und klug, wie die Geschichte der Rettung des römischen Capitols beweist. In Ägypten sind sie mit dem solaren Prinzip eng verknüpft: Die Nilgans ist der Weltenschöpfer. Sie legt das Weltenei, aus dem die Sonne schlüpft. Als Attribut de Erdgottes verkörpert sie darüber hinaus die Liebe.

In unserem Kulturraum haben Gänse nicht umsonst in ihrer Fähigkeit, Beziehung aufzunehmen und gleichzeitig Freiheit zu verkörpern, Wissenschaft und Volkstum beschäftigt. Unvergesslich Konrad Lorenz mit seiner Graugans Martina, die sich mit ihrem „Stimmfühlungslaut" immer wieder der Nähe und Bezogenheit des Forschers vergewisserte. Auf der anderen Seite hat Selma Lagerlöf mit ihrer Geschichte von Nils Holgersons Wildgans, die ihm Nähe und Weite der Heimat eröffnete, Generationen von Kindern begeistert. Offensichtlich entsprach sie damit dem Bedürfnis Heranwachsender, Wünschen nach Freiheit und Bindung zu befriedigen und über ein Heimaterleben Zugehörigkeit als neue Sicherheit zu spüren.

Doch sowohl die erste als auch die zweite Gänsegruppe unterstützten den Jungen nicht. Offenbar muss er nochmals existenziell die lebensgefährliche Bedrohung durch den negativen Mutterarchetyp erleben, um reif für den Weg in eine echte Autonomie zu werden. Die schwächste Gans schließlich findet sich bereit, ihn bezeichnenderweise zum Väterchen zurückzubringen. Wie um die Notwendigkeit einer phallischen Entwicklung in Abgrenzung vom bindenden Moment des Mütterlichen zu unterstreichen, setzt die Gans Ivas auf dem Schornstein ab. Die Mutter, in oraler Fürsorge befangen, wird zum Auslöser für das Wiedersehen, nicht ohne dass Ivas seinen Teil dazu beitragen muss. Mit des Sohnes Hilfe erkennt die Mutter die rettende Funktion der Gans und stärkt sie, damit auch sie, vielleicht in stellvertretender Parallele zu Ivas, ihren weiteren Weg in die Eigenständigkeit wagen kann.

Das Märchen verdeutlicht bildhaft den alterstypischen Konflikt der Pubertät: Es geht um Bedürfnisse nach Geborgenheit und gleichzeitig nach Unabhängigkeit, nach Halt und Sicherheit in der Orientierung an den Eltern, wie nach Freiheit und Ungebundenheit. Ivas, beweist einerseits eine gewisse Souveränität, die Fähigkeit, sogar aktiv für seine Eltern zu sorgen, andererseits sind seine passiven Wünsche nach Versorgung noch so zentral, dass er zum Opfer der Hexe als Vertreterin des negativen Mutter-aspekts, wird. Mit List kann er sich der lebensbedrohlichen Abhängigkeit entledigen. Diese Lösung ist aber noch nicht reif, sondern unterschwellig von ambivalenten Gefühlen bestimmt. Darum verkennt er den Sog des mütterlichen Machtanspruches und braucht Hilfe von außen, die in Ge-stalt der schwächsten Gans seine unsicheren Schritte in die Unabhängigkeit, in die männliche Rolle hilfreich unter-stützt.

So hat er im entwicklungspsychologischen Zwischenreich der Pubertät ein Lebensgesetz bestätigt: Erlebtes Urver-trauen ermöglicht Selbstvertrauen. Auf dieser Basis kann sich selbstbewusste Aktivität entwickeln, die sich darauf verlassen kann, auch in schwierigen Situationen eine le-bensbejahende Lösung zu finden.

Fixierung an primäre Bindungsobjekte verhindert Progression

Frühe Erfahrungen prägen unser Bindungs- und Beziehungsverhalten. Sind sie positiv, erlauben sie Sicherheit in der Welt. Kontakte zu anderen Menschen werden dann unter dem Aspekt des Urvertrauens erlebt und gestaltet. Die verinnerlichten guten Erfahrungen mit den primären Bezugspersonen ermöglichen schrittweise Verselbstständigung und den Aufbau eines eigenen Bezugssystems. Die eigenständige Lebensgestaltung, altersgemäße Partnerschaften, die Pflege von Freundschaften der gleichen Generation tritt in seiner Orientierung gebenden Bedeutung an die Stelle der Eltern.

Eine Fixierung an die primären Bindungspersonen, in der Regel Mutter und Vater, sind nicht unbedingt Ausdruck einer Halt gebenden, sicheren Erfahrung, sondern weit häufiger Hinweis auf einen Mangel. Nicht wenige Erwachsene, vorzugsweise Töchter, verharren symbolisch gesprochen auf dem Wartebänkchen, in einer sehnsüchtigen Erwartungshaltung. Sie erhoffen sich lebenslang die primäre Fürsorge, das Verständnis und die Liebe der Eltern, die sie als Kind nicht oder zu wenig bekommen haben. Ist der Blick rückwärts gerichtet, kann er nicht gleichzeitig nach vorn orientiert sein, denn wir verfügen nicht über einen Januskopf, der bekanntlich gleichzeitig rückwärts und vorwärts schauen konnte. Diese Rückwärtsorientierung macht blind für eine befriedigende Gegenwart und hilflos hinsichtlich einer zuversichtlichen Zukunftsgestaltung. Das Ich muss letztlich entscheiden, ob sein Lebenskonzept regressiv oder progressiv ausgerichtet sein soll.

Das Märchen vom Hund mit den kleinen Zähnen schildert eindrücklich diesen Zwiespalt, der, wenn er nicht positiv gelöst wird, die Stagnation der Lebensdynamik verursacht.

Märchen: Der Hund mit den kleinen Zähnen

Vor langen Jahren lebte ein Kaufmann, der reiste viel in der weiten Welt herum. Einmal, als er wieder auf Reisen war, fielen Räuber über ihn her, und sie hätten ihm Leben und Geld geraubt, wäre nicht plötzlich zu seiner Rettung ein großer Hund aufgetaucht, der die Räuber vertrieb.

Als der Hund die Räuber vertrieben hatte, nahm er den Kaufmann mit sich in sein hübsches Haus. Hier verband er ihm die Wunden und speiste ihn, bis er wieder wohlauf war. Sowie der Kaufmann sich zur Reise kräftig fühlte, machte er sich auf den Weg nach Hause; aber bevor er wegging, dankte er dem Hunde für seine Hilfe und fragte ihn, was er ihm zum Dank schenken dürfe, und er sagte, er würde ihm auch das Kostbarste, was er habe, nicht abschlagen. „Ich habe einen Fisch, der kann zwölf Sprachen", sagte der Kaufmann zu dem Hund, „willst du ihn?" – „Nein", sagte der Hund, „ich will ihn nicht." ;– „Oder eine Gans, welche goldene Eier legt?" –„Nein", sagte der Hund, „ich will sie nicht." – „Oder einen Spiegel, worin du sehen kannst, was jeder gerade denkt?" – „Nein", sagte der Hund, „ich will ihn nicht." – „Was willst du denn also haben?" fragte endlich der Kaufmann. „Ich will keine solchen Dinge zum Geschenk", sagte der Hund, „aber erlaube mir, dass ich deine Tochter hole und in mein Haus bringe." Als der Kaufmann das hörte, wurde er traurig. Aber was er versprochen hatte, das musste er halten. Also sagte er zu dem

Hund: „Du kannst kommen und meine Tochter holen, wenn ich eine Woche wieder zu Hause gewesen bin."

Als die Woche vergangen war, kam der Hund vor das Haus des Kaufmanns, um die Tochter zu holen. Aber er blieb draußen vor der Türe stehen und wollte nicht hineingehen. Die Kaufmannstochter aber tat, wie ihr Vater es ihr gebot. Sie kleidete sich zur Reise an, trat vor das Haus hinaus und war bereit, mit dem Hunde zu gehen. Als der Hund sie erblickte, schaute er vergnügt drein und sprach: „Schwinge dich auf meinen Rücken, ich will dich in mein Haus tragen." Und sie schwang sich auf seinen Rücken, und fort ging's in schnellem Trab, bis sie beim Hause des Hundes anlangten, das viele Meilen weit weg war.

Aber als das Mädchen einen Monat lang im Hause des Hundes gewesen war, ließ es den Kopf hängen und begann zu weinen. „Warum weinst du?" fragte der Hund. „Weil ich zu meinem Vater zurück will", sagte sie. Der Hund sprach: „Wenn du mir versprichst, dass du nicht länger als drei Tage zu Hause bleibst, will ich dich dahin tragen. Aber vor allem sag mir eines: Wie nennst du mich eigentlich?" – „Den großen hässlichen Hund mit den kleinen Zähnen", antwortete sie. „Dann", sagte er, „lasse ich dich nicht gehen." Aber sie weinte so bitterlich, dass er ihr wieder versprach, sie nach Hause zu tragen. „Aber bevor wir gehen, sage mir: Wie nennst du mich?" – „Oh", sagte sie, „dein Name ist: ‚Süß wie eine Honigwabe'." – „Schwing dich auf meinen Rücken", sagte er, „und ich trage dich nach Hause." Und er trabte von dannen und trug sie auf dem Rücken. Nach 40 Meilen kamen sie an einen Zaun. „Und, wie nennst du mich?" fragte er, bevor er mit ihr über den Zaun hinwegsetzte. Das Mädchen aber glaubte, sie sei nun sicher auf ihrem Wege, und antwortete: „Den großen hässlichen Hund mit den kleinen Zähnen." Aber als sie das sagte, sprang der Hund nicht über den Zaun, sondern machte auf der Stelle kehrt und trabte zurück in sein Haus, das Mädchen auf seinem Rücken.

Wieder verging eine Woche, und das Mädchen weinte so bitterlich, dass der Hund ihr versprach, sie in ihr Vaterhaus zurückzubringen. So setzte sich das Mädchen wieder auf des Hundes Rücken, und sie kamen an den Zaun wie das letztemal, da blieb der Hund stehen und fragte: „Und wie nennst du mich?" – „Süß wie eine Honigwabe", antwortete sie. Da setzte der Hund über den Zaun hinweg, und weiter ging's, bis sie nach 20 Meilen wieder an einen Zaun kamen. „Und, wie nennst du mich?" fragte der Hund und wedelte mit dem Schwanz. Sie aber war in ihren Gedanken mehr bei ihrem Vater und bei sich zu Hause als bei dem Hund und antwortete: „Den großen hässlichen Hund mit den kleinen Zähnen." Da wurde der Hund sehr zornig und machte rechtsum kehrt und trabte zurück in sein Haus wie das erstemal.

Als das Mädchen wieder eine Woche lang geweint hatte, versprach ihr der Hund, sie zurück in ihr Vaterhaus zu tragen. Sie setzte sich auf seinen Rücken, und als sie zu dem ersten Zaun kamen, sprach der Hund: „Und, wie nennst du mich?" – „Süß wie eine Honigwabe", antwortete sie. Da setzte der Hund über den Zaun, und weiter ging's – denn das Mädchen hatte sich vorgenommen, ihm die nettesten Komplimente zu sagen, die sie nur ausdenken konnte – bis sie bei ihres Vaters Haus anlangten. Als sie zu dem Tore des Kaufmannshauses kamen, fragte der Hund: „Und, wie nennst du mich?" Aber gerade in dem Augenblick vergaß das Mädchen all die liebevollen Dinge, die sie ihm hatte sagen wollen, und begann: „Den großen –" aber der Hund wendete sich schon, und sie klammerte sich schnell an der Türklinke fest und wollte weiterfahren: „hässlichen –" da sah sie, wie traurig der Hund dreinschaute, und sie musste daran denken, wie gut und geduldig er mit ihr gewesen war, und da sagte sie: „Süßer als eine Honigwabe." Als sie das gesagt hatte, dachte sie, der Hund wäre nun wohl zufrieden und würde davon traben, aber statt dessen stellte er sich mit einem Male auf die Hinterbeine, und mit den Vorderbeinen

zog er an seinem Hundekopf und warf ihn hoch in die Luft. Sein
Haarkleid fiel von ihm ab, und vor der Kaufmannstochter stand der
hübscheste junge Mann von der Welt, mit den feinsten und kleinsten
Zähnen, die man jemals sehen konnte.
Und sie hielten Hochzeit und wurden glücklich miteinander.

Ein reicher Kaufmann wird zu Beginn des Märchens von Räubern überfallen. Mit diesen wilden Gesellen könnten innerpsychische Triebimpulse gemeint sein, die über den Mann und eine wohlgeordnete Lebensführung hereinbrechen. Ein großer Hund erbarmt sich, rettet ihn und pflegt ihn gesund.

Ein Hund gilt symbolisch als Hüter und Vermittler des Übergangs. Das betrifft sowohl Diesseits und Jenseits, Leben und Tod als auch Bewusstsein und Unbewusstem. Gemäß seiner Rolle im Märchen war er in der Antike der Begleiter des Heilers Asklepios. Nach Plutarch verkörpert er das wachsame aber auch das philosophische Lebensprinzip. Somit soll die Begegnung des Kaufmanns mit diesem Hund offenbar einer korrigierenden Erfahrung dienen. Die Welt des Mannes ist sichtbar von Besitz, Macht und Können geprägt. Dies zeigen die drei Geschenke, die der Kaufmann dem großen Hund als Belohnung für seine Rettung anbietet: Ein Fisch, der zwölf Sprachen kann, zeugt von außergewöhnlicher Kompetenz, die der Kaufmann sein eigen nennt.

Mit dem Fischsymbol verbanden alle Völker von jeher Wachstum und Fortpflanzung. Er gilt als Vertreter eines kreativen Prinzips. Vor allem in Ägypten war er aber auch ein Wesen, das das Irrationale, Leidenschaftliche, letztlich das ganze Spektrum dynamischer Gefühle repräsentierte. Mit seinem Element des Wassers ist er Ausdruck des beständigen Fließens, des Wandels und der Veränderung. C. G. Jung verband mit dem Fisch das Unbewusste, den Bereich, den die Rationalität, vielleicht auch des Kaufmanns, ausklammert. So sind die Fische auch Vermittler von Erkenntnis, oder wie Mystiker es beschrieben, Eigner des „Steines der Weisen."

Betrachten wir den Fisch, ebenso wie die anderen Geschenke, als Hinweis auf eigene Persönlichkeitsanteile, betont er ein Wissen um Wandlung und Veränderung des Tagesbewusstseins. Dieses Signal ist vielsprachig, drängt danach, wahrgenommen zu werden. Die Zahl 12 ist Ausdruck der Vollkommenheit. So mag im Unbewussten des Kaufmanns ein Sehnen nach Ganzwerdung sein, das seiner äußeren Lebensführung nicht zu entsprechen scheint. Geht man davon aus, dass der stumme Fisch möglicherweise kompensatorisch auf eine frühe Lebenssituation hinweist, in der die bezogene sprachliche Kommunikation gefehlt hat, wird verständlich, warum dem Kaufmann äußere Schätze offensichtlich viel bedeuten. Er war gezwungen, sein Leben bestmöglich bewusst in die Hand zu nehmen. Fehlt darum auch eine Frau an seiner Seite, mit der er Gefühle hätte entwickeln und adäquat leben können? Ist hier auch die Ursache für eine starke Bindung an die Tochter zu suchen, die dieser wiederum keinen Schritt aus der Abhängigkeit erlaubt?

Als Zweites bietet der Kaufmann eine Gans an, die goldene Eier legt. Gänse sind sehr fürsorgliche, liebevolle Eltern. Sie sind zuverlässig in ihrer liebevollen Bezogenheit, erneut ein Hinweis auf die enge Bindung an die Tochter?

Betrachtet man die Gans wiederum unter symbolischer Akzentsetzung als einen dem Kaufmann zugehörigen inneren Reichtum, könnte mit der sprichwörtlichen Klugheit der Gans erneut auf seine intellektuelle Stärke hingewiesen werden. Die Gänse dürften hier Sinnbild für einen hohen Grad an lebenspraktischer Souveränität stehen, die der Kaufmann erreicht hat. Die goldenen Eier, die die Gans legt, unterstreichen diesen Aspekt. Gold in seinem besonderen Wert weist darüber hinaus auf Erkenntnisfähigkeit hin, zumindest als ein Potenzial, das jedoch dem Kaufmann in dieser Weise noch nicht zur Verfügung steht.

Das dritte Angebot, ein Spiegel, der wiedergibt, was andere denken, könnte als Zeichen eigener Macht, aber auch der Bereitschaft, auf sie zu verzichten, zu verstehen sein. Wenn ich weiß, was in anderen vor sich geht, was sie denken, kann ich mit ihnen nach meinem Belieben umgehen, kann sie aber auch manipulieren und beherrschen. Diese Objekte symbolisieren die Fähigkeiten, die dem Kaufmann als bewusstseinsnaher innerer Besitz zur Verfügung steht: Intellekt, lebenspraktische Klugheit, Macht und Stärke. Der Hund ist jedoch mit diesen Besitztümern, selbst wenn sie die potenzielle Erkenntnisbereitschaft des Kaufmanns verraten, nicht zufrieden. Es scheint um die Notwendigkeit einer neuen Männlichkeit und Väterlichkeit zu gehen, die der Tochter erlaubt, ihre abhängige Bindung aufzulösen.

Haben in diesem Zusammenhang die kleinen Zähne des Hundes eine besondere Bedeutung? Zähne haben viel mit Kraft und Potenz zu tun. „Biss zu haben", bezeichnet einen Menschen, der tatkräftig und erfolgreich in der Welt steht. Es sind die Eigenschaften unserer Unternehmer, Wirtschaftsbosse und Manager, die kluge Beschlüsse fassen und sie rational, ohne große Emotionen durchsetzen.

Die Vertreter einer neuen Männlichkeit, die wir bei der jüngeren Vätergeneration beobachten können, legen vermehrt den Hauptakzent auf andere Werte. Sie wollen teilhaben an der Entwicklung ihrer Kinder. Sie setzen auf Beziehung und sind überwiegend bereit, sich auf Gefühle einzulassen. Fast mag es scheinen, als ob der Hund ein Vertreter dieser neuen Generation ist. Im Wunsch nach der Tochter des Kaufmanns wird sichtbar, dass nicht die glanzvolle Entwicklung des eigenen Ichs angestrebtes Entwicklungsziel ist. Stattdessen geht es um lebendige Beziehungsfähigkeit, die gelernt und gelebt werden will, und zwar sowohl aus männlicher als auch weiblicher Perspektive.

Hinter der abhängigen Bindung der Tochter an den Vater mag der Mangel an lebendigem, von Gefühlen geprägten Beziehungsangeboten stehen. Die Unerfülltheit wiederum fixiert in der Sehnsucht, sodass die Schritte in die Progression unterbleiben. Dadurch ist echte Bezogenheit auf einen Partner unmöglich. Dieser muss, damit der Vater der Größte bleibt, ein „hässlicher Hund mit den kleinen Zähnen" bleiben. Er darf nicht den Glanz des Vaters haben und auch nicht seine Größe, beziehungsweise seine Potenz. *„sie aber war in ihren Gedanken mehr bei ihrem Vater und bei sich zu Hause als bei dem Hund…"* Dieses Verhaftetsein in der Vaterbindung birgt jedoch in sich die Gefahr von Unzufriedenheit mit dem Möglichen, die Unfähigkeit, menschliche Begrenztheit bei sich und dem anderen auszuhalten. Die Konsequenz ist häufig eine eingeschränkte Bindungsbereitschaft.

Der Schlüssel zum Glück und zur Zufriedenheit liegt in der Fähigkeit, das Jetzt und Hier positiv und anerkennend wahrzunehmen. Schiele ich nach dem Negativen, bleibe ich im Negativen verhaftet. Sehe ich das Positive *("da sah sie, wie traurig der Hund dreinschaute und sie musste daran denken, wie gut und geduldig er mit ihr gewesen war")*, dann wird die Beziehung reich und das Leben glücklich. Die „feinsten und kleinsten Zähne" des erlösten Männlichen weisen auf eine neue Schönheit hin, die nicht von Macht, Kraft und Ansehen bestimmt ist, sondern von Beziehungsbereitschaft und Beziehungsfähigkeit. Das ist Erlösung für das Männliche ebenso wie für das Weibliche.

Damit entsteht gleichzeitig auch ein wichtiger Beziehungsmoment, nämlich Dankbarkeit für das, was einem geschenkt wird. Wenn der Blick sich auf diese positiven Aspekte in der eigenen Persönlichkeit und im individuellen Leben richtet, vollzieht sich progressive Weiterentwicklung wie von selbst.

SINNFINDUNG UND BINDUNG IM PROZESS DES HERANWACHSENS

Geschwister können einen wichtigen Halt im Leben bedeuten. Sie ermöglichen als ältere den Blick auf zukünftige Entwicklung. Damit haben sie sowohl positive als auch negative Vorbildfunktion. Gleichzeitig bilden sie einen Puffer gegenüber Eltern. Sie schützen, können aber auch den erlittenen Druck weiter geben. „Meine ältere Schwester war immer noch strenger zu mir als meine Mutter. Vor der hatte ich viel mehr Angst und versuchte, sie immer gütig zu stimmen. Immer kam ich mir als Schuldnerin vor und hatte die Sorge, sie würde sich beleidigt und vorwurfsvoll zurück ziehen", so eine 48 jährige Frau.

Geschwister sind aber auch Konkurrenz hinsichtlich der Liebe der Eltern. Besonders älteste fühlen sich durch ein nachfolgendes Geschwisterchen entthront. Der viereinhalb-jährige Kai sagte am 2. Tag nach der Geburt seines kleinen Bruders: „Ist der immer noch da?"

Er hatte ihn doch schließlich ausgiebig betrachtet, jetzt konnte er wieder verschwinden!

Auch als mittleres Kind hat man es nicht immer leicht. „Ich bin ein Sandwichkind", erklärte mir der 11-jährige Robin. „Mein Bruder ist immer der Große, meine Schwester die Kleine. Wenn es um Pflichten geht, bin ich ein Großer, wenn es um Rechte geht, bin ich noch klein. Das finde ich total ungerecht!"

Das Jüngste schließlich ist zwar einerseits das umsorgte Nesthäkchen, zum anderen kann diese Rolle auch in der

Abhängigkeit festhalten. „Ich habe nicht nur zwei Eltern, sondern vier", klagte ein Siebenjähriger mit Blick auf seine zwei älteren Schwestern.

Geschwisterliche Verbundenheit kann Lebenskräfte stärken, aber auch lähmen

Ist die Stellung in der Geschwisterreihe ein lebenslang prägendes Schicksal? Steht Eifersucht und Rivalität heute stärker im Vordergrund als die liebende Verbundenheit, von denen in früheren Generationen berichtet wurde? Möglicherweise hängt es damit zusammen, dass der innere Abstand zu den Eltern früher größer war und Geschwister sich wechselseitig Unterstützung gaben. Märchen bieten noch eine andere Perspektive an: Häufig fehlt ein oder sogar beide Elternteile, es gibt eine lieblose Ersatzmutter, die ihrerseits neidisch und eifersüchtig ist. So müssen Geschwister zusammenrücken, um zu überleben. Es scheint jedoch heute Eltern schwer zu fallen, anzuerkennen, dass die „heiße und innige" Liebe zwischen Geschwistern mehr einer Notsituation, als der Wirklichkeit ihrer Empfindungen entspricht. „Wenn ich ehrlich bin", so ein 17-jähriger Jugendlicher, könnte ich meine Schwester mindestens zu 50% auf den Mond schießen…"

Geschwisterreihe als Schicksal mit Akzeptanz, aber auch verbunden mit Gefühlen von Neid und Rivalität; Geschwister als Bündnispartner und Helfer aber auch als heimliche Verführer – ein weites Spektrum von Beziehungsmöglichkeiten, das im Märchen von Schwester und Braut erahnbar ist.

Märchen: Schwester und Braut

Ein junger König hatte eine schöne Schwester und wollte auch gerne heiraten, konnte aber keine Prinzessin finden, die so schön gewesen wäre als seine Schwester. Da bot sich diese an, für ihn eine schöne Braut zu suchen, und reiste zu diesem Zweck im Lande umher. Als sie nun schon lange unterwegs gewesen war und auch viele andere Länder durchreist hatte, kam sie in einem Walde an ein kleines Hüttchen, in welchem am Fenster ein sehr schönes Mädchen saß und webte. Dies fiel ihr auf, und sie merkte sogleich, dass dieses Mädchen und kein anderes ihrem Bruder zur Frau bestimmt sei. Sie ging in die Hütte hinein und machte mit dem Mädchen Bekanntschaft, und beide gewannen einander sehr lieb. Die Prinzessin erzählte dem fremden Mädchen auch, zu welchem Zwecke sie umherreise, und sagte ihr dann, dass sie jetzt die Braut für ihren Bruder gefunden habe, nämlich sie selbst, und sie müsste nun auch gleich zu ihrem Bruder sie begleiten. Das junge Mädchen war darüber sehr erfreut und sagte: „Ja, ich will sehr gerne die Frau Deines Bruders werden, aber erstens muss ich zuvor noch die Leinwand ausweben, die auf dem Webestuhl ist, und das wird einige Zeit dauern, und zweitens ist meine Mutter eine Hexe und wird mich nicht gehen lassen wollen, da werden wir viel aushalten müssen. Jetzt ist sie nicht zu Hause, aber ich merke, dass sie nur noch dreißig Meilen von hier entfernt ist, und wenn sie Dich hier findet, so bringt sie Dich um. Ich will Dich daher in eine Kohle verwandeln, dann findet sie Dich nicht." Das that sie denn auch und legte sie unter die anderen Kohlen in den Ofen. Als nun die Mutter ankam, roch sie gleich, dass sich ein Mensch in ihrem Hause befände, aber die Tochter versicherte, dass dies nicht der Fall sei; auch sei es ja unmöglich, dass in diese Wildniß je ein Mensch kommen könne; und so beruhigte sie sich. Als sie den andern Tag wieder das Haus verließ, ihren

Geschäften nachzugehen, verwandelte ihre Tochter die Kohle wieder in die Prinzessin und sie webten fleißig, um bald fertig zu werden. Als aber die Hexe dem Hause sich wieder näherte, und die Tochter dieses merkte verwandelte sie die Prinzessin in eine Erbse und legte dieselbe unter die anderen Erbsen in ein Gefäß. Die Alte kam und fragte wieder: „Es riecht mir hier nach Menschenfleisch", wogegen die Tochter versicherte, dass dies nicht möglich sei. „Hast Du für mich nicht etwas zu essen?" fragte die Alte. „Nichts weiter als jene rohen Erbsen", antwortete die Tochter. Nun setzt sich die Hexe an die Erbsen und frißt fast alle auf, nur drei bleiben übrig, aber darunter auch die Prinzessin. Den dritten Tag, als die Alte wieder weggegangen war, entzauberte das Mädchen die Prinzessin wieder, sie arbeiteten eifrig fort und webten die Leinwand zu Ende, und machten sich auf den Weg in die Heimath der Prinzessin. Die Tochter der Hexe nahm aber zur Vorsicht einen Kamm, eine Bürste und ein Ei mit. Die alte Hexe kam mittlerweile nach Hause, und als sie die Tochter nicht zu Hause fand, merkte sie gleich, was geschehen war, rüstete sich aus und setzte ihnen nach. Die beiden jungen Mädchen sehen sich, weil sie das fürchten mussten, alle Augenblicke ängstlich um und erkennen zu ihrem Schrecken, dass sie ihnen wirklich nachfolgt und sich ihnen immer mehr und mehr nähert. Als sie ihnen schon ganz nahe ist, wirft die Tochter die Bürste hinter sich, und es entsteht ein dichter, wild verwachsener Wald, in den niemand eindringen kann. Nun kann die Alte nicht weiter und muss erst zurück und von Hause eine Axt holen, um sich einen Weg durchzuhauen. Wie sie damit fertig ist, will sie die Axt unter einen Strauch legen, da hört sie aber einen Vogel, wie der singt: „Ich werde aufpassen, wo die Axt hingelegt wird, da werde ich sie mir dann holen!" „Oho, das sollst du nicht", antwortet die Alte und läuft wieder zurück, um die Axt zu Hause zu verwahren. Nun läuft sie wieder den Mädchen nach, und da sie viel größere Schritte nehmen kann, als irgend ein Mensch, so ist sie ihnen bald so nahe, dass sie fürchten müssen, jeden Augenblick von ihr ergriffen zu werden. In ihrer Angst wirft die Tochter der Hexe den Kamm hinter sich, und es entstehen Schluchten und Berge und Felsen, dass kein Mensch im Stande ist, hinüber zu kommen. Nun muss die Alte wieder nach Hause, einen Spaten zu holen. Als sie sich endlich einen schmalen Weg geebnet hat, will sie, um nun schnell weiter zu kommen, den Spaten nur unter einem Strauch verstecken, da singt derselbe Vogel wieder: „Ich werde aufpassen, wo der Spaten hingelegt wird, da werde ich ihn mir dann holen!" Die Hexe muss also wieder nach Hause, um den Spaten dort zu verwahren. Als sie darauf den Mädchen zum dritten Male schon ganz nahe gekommen war, wirft ihre Tochter das Ei hinter sich, und es entsteht ein großer zugefrorner See, und das Eis darauf ist spiegelglatt. Wie die Alte hinüber will, fällt sie hin und bricht sich Hals und Bein. Nun können die Mädchen ruhig weiter ziehen. Als sie in das Land gekommen waren, wo die Prinzessin zu Hause war, und sich schon dem Schlosse näherten, wo der Bruder der Prinzessin wohnte, da verwandelte die Tochter der Hexe sich und die Prinzessin in zwei Tauben, und sie nährten sich in dieser Gestalt einige Tage lang in des Königs Hirsefeld. Eines Tags geht nun der Diener des Königs durch das Feld und hört, wie eine Taube singt: „Ich bin die Schwester des Königs, habe Länder durchreiset, um ihm eine Braut zu suchen, und hier ist dieselbe auch." Das erzählte der Diener sogleich dem Könige, der schickte einen andern Diener in das Feld, zu erforschen, ob es auch wahr wäre, was jener erzählt hatte, und als dieser es bestätigte, ging er selbst hin, um sich selbst zu überzeugen. Er hört dieselben Worte der Taube und ist sehr betrübt darüber, dass die Mädchen Vögel geworden sind, beschließt aber doch, sie zu fangen. Dies gelang endlich nach vieler Mühe, und in demselben Augenblick wurden die Tauben wieder zu Mädchen. Aber die beiden Mädchen waren einander in allen Stücken so vollständig gleich, dass der König nicht erkennen konnte, welches die Schwester, und welches die Braut sei, und so konn-

te denn auch aus der Heirath vorerst noch nichts werden. Der König war hierüber sehr traurig. Als er eines Tages so recht betrübt durch die Straßen der Stadt ging, begegnete ihm eine Fleischerfrau und fragte ihn, warum er so betrübt sei. Er klagte ihr seine ganze Noth, und dass er nun nach so langem Warten, da die Braut in seinem Schlosse wäre, Schwester und Braut nicht unterscheiden könne. „O, dafür weiß ich Rath", sagte die Frau; „nehmen Sie nur von uns Blut in einer Schweinsblase und befestigen Sie sich diese irgendwie auf der Brust; dann stellen Sie sich so recht traurig und verzagt, nehmen ein Messer aus der Tasche und thun so, als wenn Sie sich erstechen; wenn dann die Mädchen das Blut sehen werden, dann werden sie zu Ihnen hinstürzen, und die Schwester wird zu Kopfende und die Braut zu Fußende sein." Der König befolgte den Rath, und als nun die Braut zu seinen Füßen um ihn beschäftigt war, da stand er auf und hielt sie fest und sagte ihnen, warum er sie so erschreckt hätte. Die Mädchen aber nahmen fortan, jede ihre wirkliche Gestalt an, da waren sie einander wohl sehr ähnlich, aber doch von einander zu unterscheiden. Nun feierte der König die Hochzeit mit seiner Braut, und sie lebten mit einander glücklich viele Jahre.

Eine Geschwistersituation steht im Mittelpunkt der Anfangssituation des Märchens: Es wird von einem jungen König berichtet, der seiner Schwester offensichtlich so verbunden ist, dass er sich eine Braut wünscht, die genauso schön ist, wie jene. Die Schwester erbietet sich, ihm eine solche Braut zu suchen, möglicherweise auch, um sich aus einer zu engen Bindung zu lösen, die die Gefahr des Inzests in sich schließen könnte.

Erstaunlich rasch findet sie auch dieses schöne Mädchen. Die Ähnlichkeit der beiden Mädchen könnte als vielschichtiges Symbol auch dafür stehen, dass beide ein ähnliches Entwicklungsthema, wenn auch in einer sich unterscheidenden Primärsituation haben.

Es geht offenbar um ein ungelöstes Mutter-Tochter-Problem, das die künftige Braut des Königs ebenso wie die Schwester aktiv bewältigen soll. Bei dieser muss man davon ausgehen, dass eine Halt gebende Mutter fehlte, vielleicht sogar beide Elternteile, sodass die enge Geschwisterbeziehung einen existenziellen Stellenwert bekam. Die Mutter der Braut dagegen ist eine Hexe, die ganz offensichtlich ihre Tochter nicht loslassen möchte. Wiederum das Thema einer Bindung, die diesmal der Tochter keine Autonomie, kein Unabhängig- und damit kein Erwachsen-Werden zugesteht!

Hier deutet sich die Mutter-Tochter Beziehung in einer archetypischen Dimension an und erinnert damit an den antiken Mythos von Demeter und Persephone. Hier sollte die Tochter für die große Fruchtbarkeitsgöttin Demeter Kore bleiben, das Mädchen, das sich keinem Mann verband. Als sie vom Unterweltsgott Hades entführt wurde, war die Mutter untröstlich, ließ das Getreide verdörren und versank in eine Depression. Erst ein Kompromissvorschlag des Zeus, dass die Tochter ein Drittel des Jahres unter der Erde, zwei Drittel bei ihr verbringen solle, konnte Demeter trösten. Persephone ihrerseits scheint als Unterweltskönigin mit ihrem Gatten Hades nicht unglücklich gewesen zu sein, wie zahlreiche antike Darstellungen beweisen.

Die Tochter der Hexe hat den Auftrag, ein Stück Leinwand zu weben. Diese Tätigkeit verbindet sich mit einem urweiblichen Symbol, Fäden kunstvoll zu verknüpfen und damit ein Ganzes herzustellen.

„Weben wurde zu einem Abbild der Existenz. Es ist das Überkreuzen von Zeit und Raum, bei dem die sichtbaren und unsichtbaren Welten zusammengewebt werden und jede erschaffene Form zu einem Faden im großen Bildteppich des Lebens wird.“ (Das Buch der Symbole, S.456)

So kann man das fertiggestellte Stück Stoff in der Verbindung von Kette und Schuss unter symbolischer Akzentsetzung auch als Bild für sexuelle Vereinigung verstehen.

Eine Szene aus der Odyssee bestätigt dies: Penelope, die Frau des listenreichen Odysseus, konnte sich der zahlreichen Freier nur dadurch erwehren, dass sie nachts das wieder auflöste, was sie tagsüber gewebt hatte. Auf diese Weise war es möglich, jene hinzuhalten und die Entscheidung zu einer endgültigen Bindung zu verhindern.

Im Märchen könnte die Notwendigkeit, zunächst ein Tuch fertigstellen zu müssen als Hinweis verstanden werden, noch nicht reif zu sein für die Entscheidung zur Partnerschaft.

Das wiederum hat mit der Gebundenheit an die Mutter zu tun, die im Märchentext als Hexe in ihren verschlingend-bindenden Aspekten so gefährlich ist, dass die Schwester in eine Kohle verwandelt werden muss. Kohle, das schwarze Gold, scheinbar wertlos und doch Lichtbringer, indem sie sich in Wärme verwandelt! Man könnte noch weiter gehen und in der Kohle ein Wandlungssymbol von mütterlicher Materie zum väterlich-geistigen Lichtaspekt sehen. Die Hexe kann damit bezeichnenderweise nichts anfangen; sie findet das in eine Kohle verwandelte Mädchen nicht. Damit sind die Mädchen vorläufig vor ihrer gierigen Übergriffigkeit geschützt. Sie können sich wieder dem kreativen Prozess des Webens zuwenden.

Es mag hier auch um einen symbolischen Prozess der Ganzwerdung gehen.

Der nächste Tag konfrontiert die Mädchen mit einer noch größeren Gefahr. Die Hexe frisst die trockenen Erbsen, von denen eine die verzauberte Schwester ist. Es stellt sich die Frage, was mit dem Symbol der Erbse gemeint sein könnte. Sie ist im Märchen trocken, sie ist hart und schwer verdaulich. Eine Parallele finden wir im Märchen von der Prinzessin auf der Erbse, die durch viele Matratzen hindurch deren Härte in einer Weise spürte, dass sie während der ganzen Nacht nicht zur Ruhe kam. Vielleicht verbirgt sich dahinter eine von Trockenheit und Härte bestimmte frühe Bindungserfahrung der Tochter. Möglicherweise stand angesichts einer narzisstischen Bedürftigkeit der Mutter für das Wohlergehen der Tochter zu wenig gemüthafte und damit weiche Bezogenheit zur Verfügung.

Indem die zukünftige Braut die problematische Muttererfahrung erkennt, wird es zu einer inneren Notwendigkeit, sich bewusst von ihr lösen. Aber das geht bei einer dominierenden Mutter nicht ohne List. Zunächst wird die verfolgende Hexe mit einer Bürste abgewehrt. Der verschlungene Wald, der entsteht, dürfte ein Sinnbild für die Erfahrung der Undurchschaubarkeit der Mutterpersönlichkeit sein. Es mögen zwiespältige mütterliche Gefühle gewesen sein, die in ihrem Säugling Verwirrung auslösten. Mit der Bürste und dem entstehenden undurchdringlichen Wald spiegelt die Tochter der Mutter deren frühe Befindlichkeit und die daraus resultierenden psychologischen Konsequenzen.

Ein Vogel hilft den Mädchen, indem er die Hexe aufhält, sie jedoch letztlich nicht wirklich an der besitzergreifenden

Verfolgung hindern kann. Vögel sind als geflügelte Wesen Bewohner der freundlichen Weiten. Sie können zwar die Erde berühren, ihr Element ist jedoch die Luft, ein Element, das von jeher dem Männlichen zugeordnet wurde. In der endgültigen Distanzierung von der mächtigen Mutter erweist sich jedoch dieses Prinzip als zu schwach. Es kann lediglich aufhalten, nicht aber retten. Eine Parallele findet sich in der Realität des Märchens: Mann und Vater fehlen! Den Mädchen mangelt es darum an ermutigender Hilfe, um sich zu einer eigenständigen Persönlichkeit zu entwickeln. Sie müssen sich wie Münchhausen am eigenen Zopf aus dem Sumpf ziehen. Festhaltende mütterliche Kräfte bilden nicht selten einen Sog, der an den Rand der Verzweiflung führen kann, weil die Ängste angesichts einer schier unlösbaren Aufgabe überwältigen. Der eigene Weg scheint in einer Weise erschwert, dass die kreativen Kräfte erlahmen können.

Der Kamm, den das Mädchen in erneuter Bedrohung hinter sich wirft, erzeugt Berge und Täler, das heißt Gegensätze, die auf der Beziehungsebene auf eine hochgradige Ambivalenz in der Mutter-Tochter-Beziehung hinweisen. Berge und Täler verstellen in ihrer Gesamtheit den Blick in die Weite. Heißt das möglicherweise, dass die Mutter Hexe mehr mit sich selbst als mit der Wahrnehmung der Tochter beschäftigt war? Die Hexe begradigt aufgrund ihrer narzisstischen Bedürftigkeit in einer energischen Aktion die Unebenheiten. Sie schafft sich damit einen Weg mit dem Ziel, die Tochter zurückzugewinnen. Erneut versucht der Vogel, als Vertreter einer Autonomie fördernden Instanz, die Hexe zu behindern, wirklich aufhalten kann er sie wieder nicht.

Das Ei schließlich, das die Tochter hinter sich wirft, führt die Lösung herbei. Auf der entstehenden Eisfläche bricht sich die Hexe Hals und Bein. Die Bewältigung der lebenshindernden Abhängigkeit geht nur über einen radikal erscheinenden Bruch. Er ist als symbolischer Ausdruck für die entwicklungsnotwendige Trennung zu verstehen. Die Tochter muss erkennen, dass eine selbstbezogene Mutter, die ihre Tochter als positive Erweiterung ihrer eigenen Persönlichkeit braucht, keine eigenständige Identität erlaubt. Indem die Mutter damit individuelle Entfaltung, die Selbstfindung, hemmt, verhindert sie lebenswertes Leben. Es ist der symbolisch zu verstehende Muttermord, der die Voraussetzung schafft, sich auf altersgerechte Beziehungen einzulassen. Das Mädchen hat dies in einer Aktivierung seiner kreativen Kräfte geschafft. Und offensichtlich nicht nur für sich, sondern in gleicher Weise für die Schwester des Königs.

Der Weg in die persönliche Freiheit ist jedoch nur dann dauerhaft erfolgreich, wenn das, was an psychologischen Altlasten noch im Unbewussten hängt, über eine Regression, die mit Angst und Unsicherheit verbunden ist, ins Bewusstsein gehoben wird. Es geht um Schattenaspekte, dunkle eigene Seiten, die wahrgenommen werden wollen. Wie viel leichter ist es doch, sie ausschließlich mithilfe von Projektionen der Mutter anzulasten! Den Schatten bei sich selbst zu sehen und zu bearbeiten ist eine ängstigende Herausforderung. Aber nur so wird der Boden für eine echte Beziehungsfähigkeit bereitet.

Die Mädchen verwandeln sich in Tauben, in Vögel, die harmlos erscheinen, jedoch gemäß der Verhaltensforschung gierige und boshafte Wesen sind. Gleichzeitig haben sie noch wenig individuelles Profil entwickelt und treten in der Regel als Massenwesen auf.

Die beiden Mädchen sind als Tauben nicht voneinander zu unterscheiden. In dieser Zweisamkeit scheinen sie eine Phase der Selbsterkenntnis und gleichzeitig eine Interimszeit der Reife zu absolvieren. Auch als sie wieder Menschen sind, erscheinen sie deckungsgleich. Sie haben offensichtlich den Schritt der Selbstwerdung als Entwicklung zur einmaligen Individualität noch nicht gewagt.

Ich selbst zu sein bedeutet, dass sich die Mädchen unterscheiden und sich in ihren unterschiedlichen Rollen verstehen, als Schwester und als Braut. Der erlösende Rat kommt von einer weisen Frau. Sie weiß mit Blutsbanden offenbar angemessen umzugehen. Negative Weiblichkeitserfahrung wird damit endgültig aufgelöst und gleichzeitig Struktur von außen eingeführt: Der Braut wird das Fußende als angemessener Ort zugewiesen, der Schwester das Kopfende. Es bleibt geheimnisvoll, was damit angedeutet wird. Vielleicht, dass der Ort der Dynamik und Bewegung der Partnerschaft zugeordnet wird, während der Schwesternposition die Aufgabe zugewiesen wird, die Trennung vom Bruder bewusst zu erkennen und anzunehmen, um ihrerseits frei zu werden für einen individuellen Lebensentwurf.

Freunde unterstützen in der Aufgabe der Identitätsfindung

Nicht immer sind Geschwister positive Verstärker in der Suche nach der eigenen Identität. Mag es Neid, Eifersucht oder Rivalität sein, die eine Vorbildfunktion oder ein Nachahmen erschwert, oder reale Unterschiedlichkeit, angesichts derer das Leben anders gestaltet wird. Häufig sind es auch anlagemäßig gegebene oder durch die Stellung in der Familie erworbene Eigenschaften, die einen bezogenen, unterstützenden oder liebevollen Kontakt verhindern. Nicht selten spielt auch eine Mischung zwischen Macht und Ohnmacht, gefühlter Unterlegenheit und demonstrativer Überlegenheit eine Rolle. Dann muss Entwertung an die Stelle von Toleranz und Wertschätzung treten, um ein labiles inneres Selbstgefühl zu schützen. Mindestens für Augenblicke fühlt man sich bereichert, wenn man dem anderen etwas entzieht.

Es lohnt sich dann, statt auf Blutsverwandte auf Wahlverwandte zu setzen. Hier kann sich über ein Vertrautwerden Vertrauen entwickeln. Freunde mögen sich manchmal in einem Gewand zeigen, das nicht auf Anhieb gleichwertig erscheint. Diese Symbolik vermittelt das Märchen immer dann, wenn die guten und ergebenen Freunde Tiere sind, die eine erwiesene Freundlichkeit reichlich vergelten. Ist es nicht so, dass die selbst gewählten Freunde zuverlässiger auf dem einmal eingeschlagenen Weg des Suchens begleiten, als Geschwister, die nicht selten an irgendeiner Stelle zurückbleiben?

In den Märchen übernehmen häufig Tiere die Rolle hilfreicher Freunde. Dabei sind sie gelegentlich verzaubert. Sie begegnen dem Helden in der äußeren Welt und bieten sich als freundliche Ratgeber an. Sie sind aber gleichzeitig auch Repräsentanten einer inneren Wirklichkeit. In der Erkenntnis, Wertschätzung und Annahme einer potenziellen Hilfestellung sind wertvolle Impulse zur Ich- und Selbstwerdung verborgen.

Märchen: Der goldene Vogel

Es war vor Zeiten ein König, der hatte einen schönen Lustgarten hinter seinem Schloß, darin stand ein Baum, der goldene Äpfel trug. Als die Äpfel reiften, wurden sie gezählt, aber gleich den nächsten Morgen fehlte einer. Das ward dem König gemeldet, und er befahl, dass alle Nächte unter dem Baume Wache sollte gehalten werden. Der König hatte drei Söhne, davon schickte er den ältesten bei einbrechender Nacht in den Garten; wie es aber Mitternacht war, konnte er sich des Schlafes nicht wehren, und am nächsten Morgen fehlte wieder ein Apfel. In der folgenden Nacht musste der zweite Sohn wachen, aber dem erging es nicht besser: als es zwölf Uhr geschlagen hatte, schlief er ein, und morgens fehlte ein Apfel. Jetzt kam die Reihe zu wachen an den dritten Sohn, der war auch bereit, aber der König traute ihm nicht viel zu und meinte, er würde noch weniger ausrichten als seine Brüder: endlich aber gestattete er es doch. Der Jüngling legte sich also unter den Baum, wachte und ließ den Schlaf nicht Herr werden. Als es zwölf schlug, so rauschte etwas durch die Luft, und er sah im Mondschein einen Vogel daherfliegen, dessen Gefieder ganz von Gold glänzte. Der Vogel ließ sich auf dem Baume nieder und hatte eben einen Apfel abgepickt, als der Jüngling einen Pfeil nach ihm abschoß. Der Vogel entflog, aber der Pfeil hatte sein Gefieder getroffen, und eine seiner goldenen Federn fiel herab. Der Jüngling hob sie auf, brachte sie am andern Morgen dem König und erzählte ihm, was er in der Nacht gesehen hatte. Der König versammelte seinen Rat, und jedermann erklärte, eine Feder wie diese sei mehr wert als das gesamte Königreich. „Ist die Feder so kostbar", erklärte der König, „so hilft mir auch die eine nichts, sondern ich will und muss den ganzen Vogel haben."

Der älteste Sohn machte sich auf den Weg, verließ sich auf seine Klugheit und meinte den goldenen Vogel schon zu finden. Wie er eine Strecke gegangen war, sah er an dem Rande eines Waldes einen Fuchs sitzen, legte seine Flinte an und zielte auf ihn. Der Fuchs rief „schieß mich nicht, ich will dir dafür einen guten Rat geben. Du bist auf dem Weg nach dem goldenen Vogel, und wirst heut abend in ein Dorf kommen, wo zwei Wirtshäuser einander gegenüberstehen. Eins ist hell erleuchtet, und es geht darin lustig her: da kehr aber nicht ein, sondern geh ins andere, wenn es dich auch schlecht ansieht." „Wie kann mir wohl so ein albernes Tier einen vernünftigen Rat erteilen!" dachte der Königssohn und drückte los, aber er fehlte den Fuchs, der den Schwanz streckte und schnell in den Wald lief. Darauf setzte er seinen Weg fort und kam abends in das Dorf, wo die beiden Wirtshäuser standen: in dem einen ward gesungen und gesprungen, das andere hatte ein armseliges betrübtes Ansehen. „Ich wäre wohl ein Narr", dachte er, „wenn ich in das lumpige Wirtshaus ginge und das schöne liegen ließ." Also ging er in das lustige ein, lebte da in Saus und Braus, und vergaß den Vogel, seinen Vater und alle guten Lehren.

Als eine Zeit verstrichen und der älteste Sohn immer und immer nicht nach Haus gekommen war, so machte sich der zweite auf den Weg und wollte den goldenen Vogel suchen. Wie dem ältesten begegnete ihm der Fuchs und gab ihm den guten Rat, den er nicht achtete. Er kam zu den beiden Wirtshäusern, wo sein Bruder am Fenster des einen stand, aus dem der Jubel erschallte, und ihn anrief. Er konnte nicht widerstehen, ging hinein und lebte nur seinen Lüsten.

Wiederum verstrich eine Zeit, da wollte der jüngste Königssohn aus-
ziehen und sein Heil versuchen, der Vater aber wollte es nicht zulas-
sen. „Es ist vergeblich", sprach er, „der wird den goldenen Vogel noch
weniger finden als seine Brüder, und wenn ihm ein Unglück zustößt,
so weiß er sich nicht zu helfen; es fehlt ihm am Besten." Doch endlich,
wie keine Ruhe mehr da war, ließ er ihn ziehen. Vor dem Walde saß
wieder der Fuchs, bat um sein Leben und erteilte den guten Rat. Der
Jüngling war gutmütig und sagte „sei ruhig, Füchslein, ich tue dir
nichts zuleid." „Es soll dich nicht gereuen", antwortete der Fuchs,
„und damit du schneller fortkommst, so steig hinten auf meinen
Schwanz." Und kaum hatte er sich aufgesetzt, so fing der Fuchs an
zu laufen, und da gings über Stock und Stein, dass die Haare im
Winde pfiffen. Als sie zu dem Dorfe kamen, stieg der Jüngling ab,
befolgte den guten Rat und kehrte, ohne sich umzusehen, in das geringe
Wirtshaus ein, wo er ruhig übernachtete. Am andern Morgen, wie er
auf das Feld kam, saß da schon der Fuchs und sagte „ich will dir
weiter sagen, was du zu tun hast. Geh du immer geradeaus, endlich
wirst du an ein Schloß kommen, vor dem eine ganze Schar Soldaten
liegt, aber kümmre dich nicht darum, denn sie werden alle schlafen und
schnarchen: geh mitten durch und geradeswegs in das Schloß hinein,
und geh durch alle Stuben, zuletzt wirst du in eine Kammer kommen,
wo ein goldener Vogel in einem hölzernen Käfig hängt. Nebenan steht
ein leerer Goldkäfig zum Prunk, aber hüte dich, dass du den Vogel
nicht aus seinem schlechten Käfig herausnimmst und in den prächtigen
tust, sonst möchte es dir schlimm ergehen." Nach diesen Worten streck-
te der Fuchs wieder seinen Schwanz aus, und der Königssohn setzte
sich auf: da gings über Stock und Stein, dass die Haare im Winde
pfiffen. Als er bei dem Schloß angelangt war, fand er alles so, wie der
Fuchs gesagt hatte. Der Königssohn kam in die Kammer, wo der gol-
dene Vogel in einem hölzernen Käfig saß, und ein goldener stand dane-
ben: die drei goldenen Äpfel aber lagen in der Stube umher. Da dachte

er, es wäre lächerlich, wenn er den schönen Vogel in dem gemeinen und hässlichen Käfig lassen wollte, öffnete die Türe, packte ihn und setzte ihn in den goldenen. In dem Augenblick aber tat der Vogel einen durchdringenden Schrei. Die Soldaten erwachten, stürzten herein und führten ihn ins Gefängnis. Den andern Morgen wurde er vor ein Gericht gestellt und, da er alles bekannte, zum Tode verurteilt. Doch sagte der König, er wollte ihm unter einer Bedingung das Leben schenken, wenn er ihm nämlich das goldene Pferd brächte, welches noch schneller liefe als der Wind, und dann sollte er obendrein zur Belohnung den goldenen Vogel erhalten.

Der Königssohn machte sich auf den Weg, seufzte aber und war traurig, denn wo sollte er das goldene Pferd finden? Da sah er auf einmal seinen alten Freund, den Fuchs, an dem Wege sitzen. „Siehst du“, sprach der Fuchs, „so ist es gekommen, weil du mir nicht gehört hast. Doch sei guten Mutes, ich will mich deiner annehmen und dir sagen, wie du zu dem goldenen Pferd gelangst. Du musst geradesweges fortgehen, so wirst du zu einem Schloß kommen, wo das Pferd im Stalle steht. Vor dem Stall werden die Stallknechte liegen, aber sie werden schlafen und schnarchen, und du kannst geruhig das goldene Pferd herausführen. Aber eins musst du in acht nehmen, leg ihm den schlechten Sattel von Holz und Leder auf und ja nicht den goldenen, der dabei hängt, sonst wird es dir schlimm ergehen.“ Dann streckte der Fuchs seinen Schwanz aus, der Königssohn setzte sich auf, und es ging fort über Stock und Stein, dass die Haare im Winde pfiffen. Alles traf so ein, wie der Fuchs gesagt hatte, er kam in den Stall, wo das goldene Pferd stand: als er ihm aber den schlechten Sattel auflegen wollte, so dachte er „ein so schönes Tier wird verschändet, wenn ich ihm nicht den guten Sattel auflege, der ihm gebührt.“ Kaum aber berührte der goldene Sattel das Pferd, so fing es an laut zu wiehern. Die Stallknechte erwachten, ergriffen den Jüngling und warfen ihn ins Gefängnis. Am andern Morgen wurde er vom Gerichte zum Tode verurteilt, *doch versprach ihm der König das Leben zu schenken und dazu das goldene Pferd, wenn er die schöne Königstochter vom goldenen Schlosse herbeischaffen könnte.*

Mit schwerem Herzen machte sich der Jüngling auf den Weg, doch zu seinem Glücke fand er bald den treuen Fuchs. „Ich sollte dich nur deinem Unglück überlassen", sagte der Fuchs, „aber ich habe Mitleiden mit dir und will dir noch einmal aus deiner Not helfen. Dein Weg führt dich gerade zu dem goldenen Schlosse: abends wirst du anlangen, und nachts, wenn alles still ist, dann geht die schöne Königstochter ins Badehaus, um da zu baden. Und wenn sie hineingeht, so spring auf sie zu und gib ihr einen Kuß, dann folgt sie dir, und du kannst sie mit dir fortführen: nur dulde nicht, dass sie vorher von ihren Eltern Abschied nimmt, sonst kann es dir schlimm ergehen." Dann streckte der Fuchs seinen Schwanz, der Königssohn setzte sich auf, und so ging es über Stock und Stein, dass die Haare im Winde pfiffen. Als er beim goldenen Schloß ankam, war es so, wie der Fuchs gesagt hatte. Er wartete bis um Mitternacht, als alles in tiefem Schlaf lag und die schöne Jungfrau ins Badehaus ging, da sprang er hervor und gab ihr einen Kuß. Sie sagte, sie wollte gerne mit ihm gehen, bat ihn aber flehentlich und mit Tränen, er möchte ihr erlauben, vorher von ihren Eltern Abschied zu nehmen. Er widerstand anfänglich ihren Bitten, als sie aber immer mehr weinte und ihm zu Fuß fiel, so gab er endlich nach. Kaum aber war die Jungfrau zu dem Bette ihres Vaters getreten, so wachte er und alle anderen, die im Schloß waren, auf, und der Jüngling ward festgehalten und ins Gefängnis gesetzt.

Am andern Morgen sprach der König zu ihm „dein Leben ist verwirkt, und du kannst bloß Gnade finden, wenn du den Berg abträgst, der vor meinen Fenstern liegt, und über welchen ich nicht hinaussehen kann, und das musst du binnen acht Tagen zustande bringen. Gelingt dir das, so sollst du meine Tochter zur Belohnung haben." Der Kö-

nigssohn fing an, grub und schaufelte, ohne abzulassen, als er aber nach sieben Tagen sah, wie wenig er ausgerichtet hatte, und alle seine Arbeit so gut wie nichts war, so fiel er in große Traurigkeit und gab alle Hoffnung auf. Am Abend des siebenten Tags aber erschien der Fuchs und sagte „du verdienst nicht, dass ich mich deiner annehme, aber geh nur hin und lege dich schlafen, ich will die Arbeit für dich tun." Am andern Morgen, als er erwachte und zum Fenster hinaussah, so war der Berg verschwunden. Der Jüngling eilte vor Freude zum König und meldete ihm, dass die Bedingung erfüllt wäre, und der König mochte wollen oder nicht, er musste Wort halten und ihm seine Tochter geben.

Nun zogen die beiden zusammen fort, und es währte nicht lange, so kam der treue Fuchs zu ihnen. „Das Beste hast du zwar", sagte er, „aber zu der Jungfrau aus dem goldenen Schloß gehört auch das goldene Pferd." „Wie soll ich das bekommen?" fragte der Jüngling. „Das will ich dir sagen", antwortete der Fuchs, „zuerst bring dem Könige, der dich nach dem goldenen Schlosse geschickt hat, die schöne Jungfrau. Da wird unerhörte Freude sein, sie werden dir das goldene Pferd gerne geben und werden dir´s vorführen. Setz dich alsbald auf und reiche allen zum Abschied die Hand herab, zuletzt der schönen Jungfrau, und, wenn du sie gefaßt hast, so zieh sie mit einem Schwung hinauf und jage davon: und niemand ist imstande, dich einzuholen, denn das Pferd läuft schneller als der Wind."

Alles wurde glücklich vollbracht und der Königssohn führte die schöne Jungfrau auf dem goldenen Pferde fort. Der Fuchs blieb nicht zurück und sprach zu dem Jüngling „jetzt will ich dir auch zu dem goldenen Vogel verhelfen. Wenn du nahe bei dem Schlosse bist, wo sich der Vogel befindet, so laß die Jungfrau absitzen, und ich will sie in meine Obhut nehmen. Dann reit mit dem goldenen Pferd in den Schloßhof: bei dem Anblick wird große Freude sein, und sie werden dir den goldenen Vogel herausbringen. Wie du den Käfig in der Hand hast, so *jage zu uns zurück und hole dir die Jungfrau wieder ab."* Als der Anschlag geglückt war und der Königssohn mit seinen Schätzen heimreiten wollte, so sagte der Fuchs *„nun sollst du mich für meinen Beistand belohnen."* *„Was verlangst du dafür?"* fragte der Jüngling. *„Wenn wir dort in den Wald kommen, so schieß mich tot und hau mir Kopf und Pfoten ab."* *„Das wäre eine schöne Dankbarkeit"*, sagte der Königssohn, *„das kann ich dir unmöglich gewähren."* Sprach der Fuchs *„wenn du es nicht tun willst, so muss ich dich verlassen; ehe ich aber fortgehe, will ich dir noch einen guten Rat geben. Vor zwei Stücken hüte dich, kauf kein Galgenfleisch und setze dich an keinen Brunnenrand."* Damit lief er in den Wald.

Der Jüngling dachte *„das ist ein wunderliches Tier, das seltsame Grillen hat. Wer wird Galgenfleisch kaufen! und die Lust, mich an einen Brunnenrand zu setzen, ist mir noch niemals gekommen."* Er ritt mit der schönen Jungfrau weiter, und sein Weg führte ihn wieder durch das Dorf, in welchem seine beiden Brüder geblieben waren. Da war großer Auflauf und Lärmen, und als er fragte, was da vor wäre, hieß es, es sollten zwei Leute aufgehängt werden. Als er näher hinzukam, sah er, dass es seine Brüder waren, die allerhand schlimme Streiche verübt und all ihr Gut vertan hatten. Er fragte, ob sie nicht könnten frei gemacht werden. *„Wenn Ihr für sie bezahlen wollt"*, antworteten die Leute, *„aber was wollt Ihr an die schlechten Menschen Euer Geld hängen und sie loskaufen."* Er besann sich aber nicht, zahlte für sie, und als sie frei gegeben waren, so setzten sie die Reise gemeinschaftlich fort.

Sie kamen in den Wald, wo ihnen der Fuchs zuerst begegnet war, und da es darin kühl und lieblich war und die Sonne heiß brannte, so sagten die beiden Brüder *„laßt uns hier an dem Brunnen ein wenig ausruhen, essen und trinken."* Er willigte ein, und während des Gesprächs vergaß er sich, setzte sich an den Brunnenrand und versah sich nichts Arges. Aber die beiden Brüder warfen ihn rückwärts in den

Brunnen, nahmen die Jungfrau, das Pferd und den Vogel, und zogen heim zu ihrem Vater. „Da bringen wir nicht bloß den goldenen Vogel", sagten sie, „wir haben auch das goldene Pferd und die Jungfrau von dem goldenen Schlosse erbeutet." Da war große Freude, aber das Pferd, das fraß nicht, der Vogel, der pfiff nicht, und die Jungfrau, die saß und weinte.

Der jüngste Bruder war aber nicht umgekommen. Der Brunnen war zum Glück trocken, und er fiel auf weiches Moos, ohne Schaden zu nehmen, konnte aber nicht wieder heraus. Auch in dieser Not verließ ihn der treue Fuchs nicht, kam zu ihm herabgesprungen und schalt ihn, dass er seinen Rat vergessen hätte. „Ich kanns aber doch nicht lassen", sagte er, „ich will dir wieder an das Tageslicht helfen." Er sagte ihm, er sollte seinen Schwanz anpacken und sich fest daran halten, und zog ihn dann in die Höhe. „Noch bist du nicht aus aller Gefahr", sagte der Fuchs, „deine Brüder waren deines Todes nicht gewiß und haben den Wald mit Wächtern umstellt, die sollen dich töten, wenn du dich sehen ließest." Da saß ein armer Mann am Weg, mit dem vertauschte der Jüngling die Kleider und gelangte auf diese Weise an des Königs Hof. Niemand erkannte ihn, aber der Vogel fing an zu pfeifen, das Pferd fing an zu fressen, und die schöne Jungfrau hörte Weinens auf. Der König fragte verwundert „was hat das zu bedeuten?" Da sprach die Jungfrau „ich weiß es nicht, aber ich war so traurig, und nun bin ich so fröhlich. Es ist mir, als wäre mein rechter Bräutigam gekommen." Sie erzählte ihm alles, was geschehen war, obgleich die andern Brüder ihr den Tod angedroht hatten, wenn sie etwas verraten würde. Der König ließ alle Leute vor sich bringen, die in seinem Schloß waren, da kam auch der Jüngling als ein armer Mann in seinen Lumpenkleidern, aber die Jungfrau erkannte ihn gleich und fiel ihm um den Hals. Die gottlosen Brüder wurden ergriffen und hingerichtet, er aber ward mit der schönen Jungfrau vermählt und zum Erben des Königs bestimmt.

Aber wie ist es dem armen Fuchs ergangen? Lange danach ging der Königssohn einmal wieder in den Wald, da begegnete ihm der Fuchs und sagte „du hast nun alles, was du dir wünschen kannst, aber mit meinem Unglück will es kein Ende nehmen, und es steht doch in deiner Macht, mich zu erlösen", und abermals bat er flehentlich, er möchte ihn totschießen und ihm Kopf und Pfoten abhauen. Also tat ers, und kaum war es geschehen, so verwandelte sich der Fuchs in einen Menschen, und war niemand anders als der Bruder der schönen Königstochter, der endlich von dem Zauber, der auf ihm lag, erlöst war. Und nun fehlte nichts mehr zu ihrem Glück, solange sie lebten.

Zu Beginn des Märchens wird ein Königreich geschildert, das über einen besonderen Wert verfügt: Einem Baum, der goldene Äpfel trägt. Es liegt nahe, an das Paradies zu denken, in dem der Apfel Symbol der Erkenntnis war, jedoch gleichzeitig auch eine Grenze markierte. Ein mythologisches Beispiel finden wir in der elften Aufgabe des Herakles, nämlich aus dem Garten des Hesperiden drei goldene Äpfel zu holen. Dieser Garten stand am Ende der Welt und nur Atlas, der das Himmelsgewölbe trug, also über besondere Kräfte verfügte, war in der Lage, diese Aufgabe zu lösen. Goldene Äpfel dürften auf diesem Hintergrund einen Impuls zur Erkenntnis und Selbstfindung darstellen. Gleichzeitig signalisieren sie jedoch auch die Dualität, Grenzen anzuerkennen und Grenzen zu überschreiten.

Der König hat drei Söhne. Zwei, die sich klug dünken und einer, der jüngste, der vom Vater für dumm gehalten wird. Die Überlegenheit der älteren Brüder steht offensichtlich im Zusammenhang mit einer vom Nützlichkeitsdenken bestimmten Rationalität. Sie schlafen, statt die goldenen

Äpfel, die den Impuls, etwas Unbekanntes zu entdecken, sich auf etwas Neues einzulassen, symbolisieren, zu hüten. Es liegt nahe, anzunehmen, dass sie in ihrer nüchternen pragmatischen Weltsicht keinen Zugang zum Unbewussten haben und darum den goldenen Vogel, als Sinnbild für Weisheit und Erkenntnis nicht wahrnehmen können.

Der Fuchs, gilt einerseits als verschlagen und heimtückisch. Die Chinesen und Japaner sahen in ihm weiter blickend einen Vertreter der Wandlung und Veränderung, die die ganze Bandbreite von Gut und Böse in sich trägt. In ältester Zeit galt er aufgrund geheimen Wissens als Schutzgeist der Sippe. Damit vertrat er in der Vertikalen die magische Kraft der Ahnen. Psychologisch gesehen tritt er immer dann auf, wenn das Wachbewusstsein an seine Grenzen stößt und Inhalte des Unbewussten assimiliert werden wollen. Es sind die Kräfte des Instinktes, der Intuition und des Gemütes, die dann ins Bewusstsein drängen, wenn die Rationalität einseitig dominiert.

Diese so betrachtete innerpsychische Wirklichkeit kann von den beiden älteren Königssöhnen nicht als gleichwertiger hilfreicher Freund anerkannt werden. Sie versuchen ihn stattdessen in demonstrativem Machtgebaren zu töten. Hier deutet sich bereits die komplexbesetzte Haltung zur Freundschaft an. Wir kennen sie heute in vielen Facetten beruflicher Interaktion: Statt positiver Bezogenheit, wertschätzender Anerkennung gerade auch von Eigenschaften, die mir weniger zur Verfügung stehen, dominiert überwiegend Rivalisieren, Mobben, Entwerten und Vernichten.

Der Jüngste wird als weniger klug bezeichnet, das bedeutet, dass er offenbar nicht auf eine einseitige Rationalität fixiert ist. Möglicherweise steht ihm, als Drittem, der unter

Umständen nicht allzu viel liebevolle Aufmerksamkeit in der Kindheit bekam, die Intuition in besonderer Weise zu Verfügung.

Kinder mit einem frühen Defizit an Wahrgenommensein müssen, um ein Minimum an Bezogenheit zu erhalten, aus existenziellen Gründen intuitive Kräfte entwickeln, um in einer schicksalhaften Lebenslage des emotionalen Mangels zu überleben. Diese Notwendigkeit wird zu einer besonderen Begabung, die ermöglicht, Konfliktsituationen zu erfassen und zu lösen. Diese Fähigkeit hilft auch dem Jüngsten, wach zu bleiben und den wertvollen Räuber zu entdecken. Ebenso hilft ihm die Intuition, das Besondere des Fuchses zu erahnen und damit zu wissen, dass dessen Ratschlag sinnvoll ist.

Das heitere, üppige Wirtshaus als Ausdruck von Lebensgenuss und Diesseits-Orientierung ist ein Bild, das sehr wohl auch in unsere Zeit passt. „Man gönnt sich ja sonst nichts", so wird Ersatzbefriedigung rationalisiert und die Suche nach dem eigentlich Ersehnten auf die Seite geschoben. Dazu müsste man sich mit seinen trübseligen und kümmerlichen Seiten auseinandersetzen. Das könnte real bedeuten, dass der Weg der Erkenntnis immer durch das Tal der Trauer, der Niedergeschlagenheit, der Depression und des Zweifels führt. „Ein armseliges und betrübtes Ansehen" hatte dieses Wirtshaus, als eine wichtige Station auf dem Weg des Findens. Und „ich wäre ein Narr, wenn ich in das lumpige Wirtshaus ginge und das schöne, in dem getanzt und gesprungen wurde, liegen liesse." Das sind die tüchtigen, realitätsorientierten Menschen, die immaterielle Werte gering schätzen.

Man wäre ja dumm, wenn man es sich nicht gut gehen ließe. Nur leider, manchmal vergisst man dabei das Aufgegebene, das eigentliche Ziel. So auch die beiden älteren klugen Brüder. Im vordergründigen Lebensgenuss kommt ihnen ihre innere Aufgabe abhanden.

Der jüngste Bruder, der neuen Perspektiven offensichtlich am nächsten steht, hört auf den Rat des Fuchses. Damit könnte darauf hingewiesen werden, dass er neben seinem ahnenden Vermögen auch Zugang zu seinen vitalen Triebimpulsen, zu natürlichen und echten Bedürfnissen hat. Darum versucht er auch nicht, wie die Brüder, den Fuchs zu töten, sondern nimmt ihn stattdessen als Freund an. Zum Dank bietet ihm jener seinen Schwanz als Sitz an. Damit wird erneut die freundliche Nähe zu Triebimpulsen unterstrichen, eine Nähe zu vitalen Ressourcen, was psychische Potenz im weitesten Sinn ausmacht. Darum braucht der Jüngste keine Ersatzbefriedigung in Gestalt des lärmenden Wirtshauses, sondern er kehrt dort ein, wo primäre Bedürfnisse angemessen befriedigt werden.

Ist damit die Eingangssituation des Märchens umrissen, stellt sich der dritte Königssohn als eine Persönlichkeit dar, die mit seinen Bedürfnissen und Fähigkeiten in einem angemessenen Gleichgewicht lebt. Damit scheinen die Voraussetzungen gegeben, den goldenen Vogel als Repräsentanten wertvoller geistiger Männlichkeit zu gewinnen.

Als wichtiger und wissender Helfer stellt sich weiterhin der Fuchs zur Verfügung. Wenn wir ihn als einen Teilaspekt des Männlichen auf dem Entwicklungsweg des jungen Mannes verstehen, so mag damit angedeutet sein, dass jeder Weg zu sich selbst begleitet werden muss von einer angemessenen Bodenhaftung. Es ist das, was man auch als sinnvolle Orientierung am Realitätsprinzip bezeichnen könnte. Der Fuchs warnt den Prinzen vor einem Höhenflug, der vergleichbar dem des Ikarus ist. Dieser stürzte ja in den Tod, weil er die Warnung seines Vaters Dädalus missachtete, der Sonne zu nahe kam, sodass seine Wachsflügel schmolzen[7]. Der Fuchs zeigt dem Königssohn den Weg, den goldenen Vogel zu gewinnen, weist ihn jedoch gleichzeitig auf den Halt gebenden Rahmen in Gestalt des hölzernen, einfachen Käfigs hin.

Hier zeigt sich aber auch die Schwäche des jungen Mannes. Es geht ihm wie vielen Menschen, wenn sie sich auf ihre Intuition verlassen sollen. Das Denken fährt einem in die Quere. Warum sollte nicht ein prachtvoller Rahmen den Wert des Kunstwerkes erhöhen?

So verkennt man das Prinzip des inneren Ausgleiches und kippt in eine Einseitigkeit, die offensichtlich lebensbedrohlich ist.

Ist es nicht gerade diese Schwäche, die den Prinzen in den Augen des Fuchses liebenswert macht? Er begleitet ihn versöhnlich und treu auf dem weiteren Entwicklungsweg. Ist es nicht auch das, was wir uns auch von bezogenen Freunden wünschen? Entwicklung bedeutet immer, auch Fehler machen zu müssen. Erkenntnis schließt den Prozess von Irrtum und Korrektur mit ein. Und der Weg sollte nicht gesäumt werden von Vorwürfen nach dem Motto: „Siehst du wohl, ich habe es ja gleich gesagt, das hast du jetzt davon!"

Der Prinz entgeht dem Tod nur, wenn er sich aufmacht, um einen höheren Wert als den goldenen Vogel zu erringen. Im Pferd begegnet uns erneut ein männliches Symboltier. Es ist schnell wie der Wind, kann die Mutter Erde durchmessen und weist mit seiner Geschwindigkeit über sich und seine Erdgebundenheit hinaus. Hier mag das mythologische Bild des Pegasus seine Entsprechung haben. Dieses geflügelte Pferd, erhob sich aus dem Rumpf der getöteten Medusa in die freundlichen Weiten[8]. Sie sind ein Bild für den Raum, der nicht an die Materie der festhaltenden Erde gebunden ist.

Die eigenen vitalen Kräfte ermöglichten dem Prinz zwar den Gewinn des goldenen Pferdes, aber wieder gefährdet ihn die Verführung durch den vordergründigen Wert des goldenen Sattels. Die Basis für eine fruchtbare Geistigkeit, für die das goldene Pferd stehen mag, bleibt immer der Boden der Realität. Über den Genuss, die Freude an einer sich erweiternden Wahrnehmung, darf die Anbindung an den Ursprung, der in der Schlichtheit des Naturmaterials, in diesem Fall des Sattels liegt, nicht übersehen werden.

Und auch ein drittes Mal kann der Jüngling sich nicht ausreichend von seinen durchschießenden Empfindungen abgrenzen. Es fehlt ihm im Augenblick der Konfrontation mit seinen Gefühlen die nüchterne Reflexion. Diesmal geht es darum, einem sentimentalen Gefühlsüberschwang, für den das Sehnen der Prinzessin steht, Stand zu halten.

Jede geistige Entwicklung braucht die sichere Anbindung an das Natürliche. Könnte hier ein Defizit des Jünglings verborgen sein, eine Erklärung, warum er die Warnung des Fuchses immer wieder in den Wind schlägt? Fehlt die Erfahrung eines sicheren Haltes im mütterlichen Rahmen? Die Missachtung des einfachen Käfigs ebenso, wie die des schlichten Sattels könnten darauf hinweisen. Schließlich ist die Sehnsucht der Prinzessin, sich mit einem Kuss vom

Vater zu verabschieden, wiederum ein Hinweis auf eine emotionale Mangelsituation. Weil ein Gleichgewicht der Erfahrung im frühen Raum in Gestalt einer sicheren Mutterbeziehung offenbar fehlt, wird die Einseitigkeit des Väterlich-Männlichen zur Ernst zu nehmenden Gefährdung. Könnte im Abtragen des Berges, das der Fuchs für den Königssohn besorgt, diese Übermacht relativiert werden wollen? Jedenfalls scheint jetzt ein gewisses inneres Gleichgewicht erreicht zu sein, indem der Jüngling Jungfrau, Pferd und den goldenen Vogel sein eigen nennt.

Mit den helfenden Ratschlägen des Fuchses, in welcher Form es gelingen kann, diese Schätze auch tatsächlich zu behalten, wird ein neues Element der männlichen Ertüchtigung eingeführt: Die List. Diese wird in unserem Verständnis eher negativ eingeordnet. Die griechische Mythologie weiß von der Bedeutung dieser Eigenschaft.

Odysseus wird immer wieder als „der Listenreiche" bezeichnet. Erst über diese Fähigkeit gelingt mithilfe des hölzernen Pferdes die Eroberung Trojas, was im zehn Jahre währenden offenen Kampf nicht erreicht wurde.

Doch offensichtlich geht es im Entwicklungsweg des Königssohnes zusätzlich um die Entfaltung eines angemessenen fühlenden Erlebens. Das wird an zwei Aussagen des Fuchses deutlich: Zum einen bittet er ihn um einen grausam anmutenden Tod. Hier fehlt dem Jüngling das Gefühl für eine dem Gegenüber geltende Einfühlung. Er kann die innere Notwendigkeit aus der Perspektive des Fuchses nicht nachvollziehen und weigert sich, indem er aus seiner Sicht den Tod des Fuchses als Undankbarkeit empfindet. Viel später erahnt er den Tod als notwendiges Wandlungssymbol.

Zum anderen warnt ihn der Fuchs vor den weitergehenden Folgen seiner Fühlfunktion, die, offenbar komplexbesetzt, in Mitleid und Naivität stecken bleibt. Der Königssohn kann sich nicht wirklich einfühlen, sondern wird von einer gewissen Sentimentalität ergriffen. Die scheinbar liebevolle Rettung der Brüder vor dem Galgen spiegelt dieses unentwickelte Gefühl, das weder mithilfe des Rates des Fuchses noch mit dem eigenen kritischen Denken abgeglichen wird. So wird die psychische Realität der Brüder verkannt. Mitleid ist im Gegensatz zu Mitgefühl eine Haltung, in der sich das eigene Ich zu wenig vom anderen abgrenzen kann. So ist es letztlich eine egoistische und gleichzeitig lieblose Haltung sich selbst gegenüber. Die eigene Gefährdung durch einen sentimentalen Gefühlsüberschwang wird nicht ausreichend im Blick behalten.

So lässt sich der Sturz in den Brunnen als notwendige Regression interpretieren. Der junge Mann muss in die Tiefe, in das Reich des Mütterlichen und verliert parallel dazu all das, was er bereits gewonnen zu haben scheint. Trotz aller innerpsychischen Hinderungen hat er jedoch bereits Boden unter die Füße bekommen und versinkt darum nicht mehr ins bodenlose Wasser. Dieses könnte stellvertretend für das Unbewusste stehen. Der Prinz kann sich, weil er offensichtlich endlich bei sich selbst angekommen ist, ein letztes Mal vom Fuchs retten lassen. Durch eine bewusste List, sich zum alten Mann zu machen, umgeht er die erneute Lebensgefahr, die in einer kindlich-naiven Offenheit bestünde. Er wird jetzt durch die Symbole seiner männlichen Würde, dem Vogel, der wieder singt und dem Pferd, das jetzt frisst, bestätigt. Die Jungfrau taucht aus ihrer Depression auf und wird froh. In der Sprache der Analytischen Psychologie könnte das heißen, dass der junge Mann sich mit seinem inneren weiblichen Bild verbunden und darum Zugang zu seinen echten Gefühlen gefunden hat. Die Brüder als die Persönlichkeitsanteile, die im Haben, in der Gier und der rücksichtslosen Egozentrik gebunden sind, müssen sterben. Tod als Symbol der Wandlung und einer damit verbundenen Hoffnung auf Neuwerdung, das könnte auch mit dem Tod des Fuchses, zu dem der Jüngling jetzt in der Lage ist, bestätigt werden. Nun kann das Leben neu gewagt werden. Ein depressiv erscheinender Lebensentwurf hat sich über die Auseinandersetzung mit Gefahr, Leid und Schmerz gewandelt. Entscheidende Hilfe bedeutete die eigene Intuition und die Wertschätzung vitaler Impulse, mit denen der Königssohn sich in Gestalt eines hilfreichen Tieres verbinden konnte. Die Erfahrung bedingungsloser Freundschaft ermöglichte ihm die lebenswichtige Erfahrung, Fehler machen und daraus lernen zu dürfen. Damit wird in der Symbolsprache der Wert einer Freundschaft unterstrichen, die in Treue unterstützt und ein wichtiger helfender Aspekt für die eigene Lebensführung werden kann, wenn wir den Blick in den Spiegel, den uns ein in Freundschaft verbundener Lebensbegleiter vorhält, ertragen können.

SINNSUCHE ALS ERWACHSENER IN BINDUNG ODER ANGEBUNDENSEIN

In der Mitte des Lebens stellt sich immer wieder die Frage, ob der richtige Weg eingeschlagen wurde. Wird man dem Leben in seinen Zumutungen und Verheißungen gerecht? Hätten die Weichen anders gestellt werden sollen?

Betrachtet man die Beziehungen zur Umwelt und Mitwelt, drängen sich nicht selten Schuldgefühle auf. Ist man zu egozentrisch in der Verfolgung der eigenen Ziele gewesen? Oder umgekehrt ging man zu sehr auf in der Fürsorge und Verantwortung für die eigene Familie, für Verwandte und Freunde? Ist man dem Partner gerecht geworden? Aber genauso stellt sich die Frage, ob man sich selbst, den eigenen Begabungen, dem eigenen Entwurf, treu geblieben ist. Fragen über Fragen, die selten mit einem klaren „ja" oder „nein" beantwortet werden können.

Es standen so viele Fantasien, so viele Wünsche und Vorstellungen in der Jugend im Raum. Wie viel war Illusion, wie viel Aufgegebenes? Hat sich die eigene Weichenstellung bewährt, oder entwickelte sich der Lebensweg zum Irrweg?

Selbstzweifel und Anklagen prägen nicht selten den mittleren Lebensabschnitt. Gern machen wir andere dafür verantwortlich, dass wir nicht so leben, wie wir leben wollten. Aber auch Selbstanklagen in stillen Stunden, der Blick in den Spiegel, der mir sagt, dass ich allein für mich verantwortlich bin, erschweren Zufriedenheit mit dem Gegebenen oder Erreichten. Wichtig in der Mitte des Lebens ist die Erkenntnis, dass ich nicht alles haben, nicht alles verwirklichen kann.

Es ist naheliegend, das zu ersehnen, was man nicht hat, das Glück dort zu vermuten, wo man nicht ist. Statt in diesen negativen Perspektiven zu verharren, lohnt es sich umzudenken: Dankbarkeit für das, was ist, was man bekommen oder erreicht hat schafft Befriedigung, erlaubt inneren Frieden. Ist das nicht Glück genug?

Haben oder Sein, die Suche
nach echten Werten

Schon Erich Fromm betonte in seinem Buch „Haben oder Sein" das Bedürfnis des Menschen im vordergründigen Besitz, in materiellen Gütern einen zentralen Wert zu sehen. Dass Besitz, Ansehen, Geltung nicht befriedigen, dem eigenen Leben keinen tragenden Sinn verleiht, wissen wir zwar. Trotzdem wird immer neu diese Sackgasse gewählt, in der Überzeugung, sich auf einem gradlinigen Weg zu befinden. So wird die Illusion gepflegt, über suchtgesteuertes Haben-Wollen einen Lebenssinn zu finden, der sich jedoch nur in erfüllendem Sein vollziehen kann.

Viele Märchen in den unterschiedlichsten Kulturkreisen umkreisen dieses Thema und unterstreichen die Schlussfolgerung, dass die Sucht in den Teufelskreis der Unersättlichkeit führt. Sie endet zumeist wieder in der trostlosen Ausgangssituation mit der Gefahr, die menschliche Würde zu verlieren.

Das bekannteste Märchen in unserem Kulturraum ist das Grimmsche vom „Fischer und seiner Frau." Hier, wie auch in anderen Versionen wie in „Das goldene Fischlein" oder der vom „Mann und Frau im Essigkrug"[9] offenbart sich, dass es sich offensichtlich um ein archetypisches Thema handelt. Gier und Maßlosigkeit, die vordergründige Suche nach dem äußeren Glück, ist der Spiegel einer anscheinend urmenschlichen Sehnsucht nach erfüllendem Gehalt und einer ebenso archetypischen Gefahr, sich in einem Irrweg zu verrennen.

Märchen: Die wunderbare Bohnenranke

Es war einmal ein Bauer, der hatte zwei Dienstboten, die hießen Pier und Mitte. Pier und Mitte heirateten einander. Sie pachteten ein altes Häuschen; und beim Fegen des Söllers fand Mitte eine lange, lange dünne Bohne. „Mitte", sagte Pier, „du musst die dünne Bohne einpflanzen, wir wollen sehen, was dann herauskommt aus der dünnen Bohne." Mitte pflanzte die dünne Bohne ein, und als die dünne Bohne eingepflanzt war, keimte sie, und sie wuchs so hoch, so hoch, dass niemand wußte, wie hoch sie eigentlich war.

„Pier", sagte Mitte, „du musst mal nachgucken gehen, wie hoch die dünne Bohnenranke eigentlich ist, sieh nach, ob sie vielleicht bis in den Himmel wächst. Und wenn sie bis in den Himmel wächst, dann musst du hinauf und musst die Bitte tun, Bauer zu sein." Pier kletterte die Bohnenranke hinauf, und nach vieler Mühe langte er im Himmel an; und er tat die Bitte. Man sagte ihm: „Kehr nur wieder heim, du bist es schon." Aber für Mitte war das noch nicht genug. Sie sagte zu Pier: „Pier, du musst noch einmal hinauf und musst die Bitte tun, Schafbauer zu sein." Pier ging und tat die Bitte. Man antwortete ihm wieder: „Kehr nur heim, du bist es schon." Für Mitte aber war das noch nicht genug. Mitte sagte zu Pier: „Pier, du musst darum bitten gehn, dass du König wirst und ich Königin." Pier ging wieder hinauf und tat die Bitte. „Kehr nur heim", sagte man zu ihm, „du bist es schon." In großer Fröhlichkeit kehrte Pier heim und war König. Und als er ein wenig König gewesen war, da sagte Mitte: „Pier, das ist doch alles nichts Rechtes. Du musst hingehen und darum bitten, unser Herrgott zu sein, und ich will die Jungfrau Maria sein. Du weißt ja, wir bekommen immer alles, worum wir bitten." Pier geht und tut die Bitte. „O du törichter Mann", sagte man da zu ihm, „kehre du nur heim, du sollst ein Uhu sein und sollst schreien:

dood, dood, dood; und deine Tage werden Nächte sein und deine Nächte Tage." Pier kam herab und hatte zwei Flügel, und im Fliegen schrie er immerfort: *„Dood, dood, dood!"* Mitte hatte auch zwei Flügel, und sie flog zu Pier hin und schrie: *„Kierre, kierre, kierre!"* Und so sind der Uhu und die Eule in die Welt gekommen.

Das Märchen umkreist das Thema einer Sehnsucht, die in die Sucht entgleist, in knapper, holzschnittartiger Form. Zu Beginn wird uns ein Paar vorgestellt, das bei einem Bauern Dienst tut. In einem alten Häuschen, das sie nach ihrer Heirat pachten, findet Mitte beim Fegen auf dem Söller eine Bohne. Ob bereits in diese Ausgangssituation das Problem umrissen ist? Der Söller, der die höchste Stelle des Häuschens markiert, signalisiert bereits die Sehnsucht, aufzusteigen, aus der dienenden Rolle in eine bedeutendere, sogar herrschende Rolle überzuwechseln. Hierzu passt die Symbolik der Bohne. Sie verfügt über magische Kraft und hat im germanischen Volksglauben zusätzlich mit Erotik und Sexualität zu tun. Ist das eigentliche Problem des Paares eine eingeschränkte körperliche Beziehungsfähigkeit?

Interessanterweise ist hier, ebenso wie in den anderen Fassungen, die Frau, die treibende Kraft aufzubrechen, möglicherweise, weil sie eine Mangelsituation erahnt, während der Mann in der dienenden Rolle jetzt gegenüber seiner Frau bleibt. Der Impuls, zu entdecken, ist ein urmenschliches Bedürfnis. Die Neugier öffnet neue Perspektiven und macht den Menschen lebendig. Das archetypische Gegengewicht, damit der Mensch nicht Opfer seiner Unersättlichkeit wird, ist die Fähigkeit, Maß zu halten. Und genau das lässt die Frau vermissen. Um Entdeckungen und die Faszination durch Neues und Wertvolles angemessen zu nutzen, gehört die Gestaltungsfähigkeit und -bereitschaft als ausgleichender Moment zum menschlichen Tun dazu. Fehlt im Rausch der Unersättlichkeit dieses positive Gegengewicht, kann der Zuwachs an Neuem nicht verarbeitet werden. Das Geschehen, auch als Ausdruck der innerpsychischen Situation, gerät in Schieflage.

Die Bohne werfen, weist in ihrem ungebrochenen Wachstum zusätzlich auf eine fehlende Selbstbeschränkung hin. Zufriedenheit bedeutet, sich im Angesicht erfüllbarer Möglichkeiten zu bescheiden. Ich werde einen jungen Mann nicht vergessen, der sich mit folgenden Worten aus seiner Therapie verabschiedete: „Ich frage mich jetzt immer ‚habe ich es nötig' und meistens stelle ich fest, dass ich es nicht nötig habe und dann lasse ich es. Und das passt für alle Lebenslagen."

Mitte möchte zunächst, dass ihr Mann Bauer wird. Er steht damit auf der gleichen Stufe, wie sein Herr. Danach wünscht sie sich die Position des Schafbauern. Offenbar ist der Besitz von Schafen Ausdruck eines höheren Wertes. Vielleicht geht es dabei neben dem Besitz auch um einen emotionalen Aspekt, nämlich einer wertgetragenen Zugehörigkeit. Indem das Schaf ein Herdentier ist, symbolisiert ein Schafbauer diesen Gehalt. Der Wunsch der Frau verrät ihre Sehnsucht, aus ihrer dienenden Position heraus zu wachsen und einer wertvolleren Gruppe anzugehören. Hier offenbart sich bereits das Thema, nämlich in äußerer Erhöhung ein inneres Moment zu befriedigen, was nicht gelingen kann. Spannend ist, dass sie ihre zunehmende Maßlosigkeit und Gier bemäntelt, indem sie ihren Wunsch immer damit tarnt, ein gutes Werk für ihren Pier zu tun. Er muss sich fügen und wohlmöglich noch dankbar sein für einen Wertzuwachs, den er seiner Frau zu verdanken hat. Diese wiederum kann sich hinter der eigenen Güte verstecken: sie hat ja alles nur für ihren Mann getan.

Was bedeutet dieses Streben nach Größe, die sich erst im Wunsch, Königin neben ihrem königlichen Mann zu sein, als Selbstbezogenheit entschlüsselt? Es geht um Wachstum und Entwicklung – eine Aufgabe, die einen hohen menschlichen Wert darstellt, Aufgabe unseres Seins ist. Wird Wachstum nur äußerlich verstanden, spiegelt sich die Absurdität in der Bohnenranke, die bis zum Himmel wächst. Die Hybris, den menschlichen Rahmen zu verlassen, Gott und Maria zu werden, findet seine Konsequenz genau darin, dass das Paar Menschsein und Menschlichkeit verliert. Einmal ist es die Gier, von der Frau gelebt, andererseits die Schwäche, in Gestalt des Mannes. Beides führt zum Verlust des inneren Gleichgewichtes.

Das Paar wird zu Nachtvögeln, führt ein Leben im Dunkel. Es ist der von C. G. Jung benannte Schatten, Träger aller düsteren, scheinbar wenig gesellschaftsfähigen Eigenschaften, die wir nicht sonderlich lieben, die aber gerade darum gesehen und anerkannt werden wollen. Sucht in seinem sehnsüchtigen Gehalt zu verstehen, kann ein wichtiger Antrieb zur Entwicklung der Persönlichkeit sein. Das mag Goethe empfunden haben, wenn er den Auftrag formuliert, „sich immer strebend zu bemühen"[10]. Erkennen wir das Dunkel nicht als zu uns gehörig, in seiner Chance und Gefahr, dann überwältigt es ein schwaches Ich und zieht es genau in das Dunkel, in das Schattendasein, dem das Paar im Märchen entkommen wollte. Ihr subjektives

Dunkel ist, im sinnlosen Macht-Ohnmachtdenken und -fühlen verstrickt zu bleiben und damit ihre menschliche Identität zu verlieren. Aber auch als Nachtvögel in ihrer Fähigkeit, sehen zu können, weise zu sein, tragen sie in sich die Aussicht auf Lösung und damit Erlösung zu lichteren Perspektiven.

Vertrauen ist ein kostbares Gut und erfordert einen behutsamen Umgang

Im Erwachsenenalter stellt sich immer häufiger die Frage, in wieweit Vertrauen berechtigt ist. Inzwischen haben viele Erfahrungen kindliches Vertrauen relativiert. Man lernt zwischen Vertrauensseligkeit und Trauen zu unterscheiden. Hierbei scheint es selbstverständlich, dass Vertrautes unser Vertrauen verdient, während neue Situationen eher mit Zurückhaltung, wenn nicht Misstrauen gemustert werden. Wie ist es möglich, zwischen Vertrauen und Zurückhaltung einen angemessenen Mittelweg zu finden? Wie geht man mit Ängsten und Unsicherheiten in solchen polaren Konfliktsituationen um?

Märchen: Vom armen Mädchen, das goldene Blumen schritt

Es war einmal ein armer Mann; der arme Mann hatte zwei Kinder. Das älteste war ein Mägdlein, das jüngste aber war ein Knäblein. Das Mägdlein war zauberkundig.

Auf einmal waren die Kindlein herangewachsen, und da sie arm waren, gingen sie aus, auf der Strasse zu betteln. Sie gerieten zu einer Witwe. Die Witwe gab ihnen eine Scheibe Brot. Sie sagte zum Mägdlein:

„Mägdlein, bestell deinem lieben Vater, wenn er mich heiratet, dann werde ich euch in Milch und Wein baden."

Und sie gab jedem noch eine Scheibe Brot. Das Mägdlein und das Knäblein nahmen die Scheibe Brot, gingen heim. Als sie nach Hause gekommen waren, sagten sie ihrem Vater: „Liebes Väterchen, eine Witwe hat gesagt, wenn Ihr sie zu unserer Mutter macht, dann wird sie uns in Milch und Wein baden."

Darauf sagte der Vater zum Mägdlein: „Wohlan, meine Tochter, ich werde sie heiraten, wenn sie's so mit euch hält."

Er ging auch anderntags und nahm sie zur Frau.

Zwei Wochen lang badete sie das Mägdlein und das Bürschchen in Milch und Wein; nach zwei Wochen sprach sie zu ihrem Mann: „Wenn du deine Kinder nicht beiseite schaffst, dann gehe ich von hinnen."

Was blieb dem armen Mann anderes übrig? Er spannte seine zwei Kühe vor den Wagen, setzte die beiden Kinder auf den Wagen, führte sie in den Wald. Dort machte er eine Hütte, setzte sie in die Hütte und sprach zum Mägdlein: „Nun, meine Tochter, wenn ich zurückkomme, führe ich euch nach Hause. Ich gehe, einen Wagen Holz aufzulesen."

Das Mägdlein war zauberkundig, es wusste, was sein Vater mit ihm wollte. Der Vater aber nahm die Axt vom Wagen, belud den Wagen und machte sich auf den Heimweg. Und wie er heimging, da schlug er mit dem Axtrücken einmal an jeden Baum, damit die Kinder denken sollten, er richte das Holz auf dem Wagen. Doch er ging nach Hause, liess die Kinder dort im Wald in der Hütte.

Die Kinder aber verbrachten eine lange Zeit dort in der Hütte. Eines Sommertags ging das Mägdlein hinaus in den Wald; siehe, da war mitten im Walde ein schöner Grasplatz. Dort war ein kleiner Heu- haufen; doch jene Wiese war so schön, dass man eher in die Sonne hätte schauen können, aber nicht auf die Wiese.

Einstmals zog ein Königssohn hinaus in den Wald zu jagen. Wie dieser Königssohn im Walde jagt, da kommt er von ungefähr auf jene Wiese. Nun waren das Knäblein und das Mägdlein just eben in jenen Heuhaufen gezogen. Und der Königssohn erblickte jenen schönen Ort; er sah, dass dort ein wenig Heu war, und meinte, er wollte von jenem Heu seinem Pferde ein bisschen zu fressen geben. Und wie er da hinkommt, fürwahr da erschrickt er, solch schönen Knaben und solch schönes Mädchen zu sehen. Sie gefielen dem Königssohn sehr. Sprach der Königssohn zum Mädchen: „Willst du mit mir kommen als meine Gemahlin?"

Sprach das Mädchen zum Königssohn: „Wie könnte ich als Eure Gemahlin mit Euch gehen? Ich kann mein Brüderchen hier nicht verlassen."

Flugs zog sie einen Kamm hervor, kämmte sich das Mädchen, kämmte zwei so schöne Blumen von ihrem Haupt, dass man wohl in die Sonne hätte schauen können, aber nicht auf jene Blumen. Sie sprach zum Königssohn: „Diese beiden schönen Blumen gebe ich Euch. Bringt sie Eurer lieben Mutter heim, stellt sie ins Fenster in einen Becher Wasser, und wenn sie morgen kommen werden, mich zu holen, dann werde ich auch gehen."

Reitet der Königssohn heim mit den beiden schönen Blumen, erzählt seiner Mutter, wie es ihm mit einem Mädchen im Walde ergangen, und das Mädchen hätte ihr diese Blumen geschickt, sie solle sie in einen Becher tun, in Wasser, und ins Fenster stellen. Er erzählte seiner lieben Mutter, dass er das Mädchen morgen zur Frau nehmen wollte. Und seine Mutter hatte gleich nichts dagegen. Sie meinte, jene wäre ihr recht als Schwiegertochter.

Doch dass ich's nicht zu erzählen vergesse, der Königssohn hatte die Tochter einer Hexe zur Liebsten. Und sie zogen anderntags aus, sie einzuholen. Und als sie zum armen Mädchen hinaus zogen, setzte sich die Hexe mit ihrer Tochter in die hinterste Kutsche. Sie fuhren hin zum armen Mädchen, setzten das Mädchen auch in die Kutsche, das Brüderchen auch und wandten wieder heimwärts.

Als sie beim Waldessaume anlangten, da hielt die Hexe die Kutsche an, doch so, dass niemand es merkte. Sie ging und hob das arme Mädchen neben dem Königssohn aus dem Wagen. Sie hiess sie sich auskleiden, legte dem armen Mädchen das Kleid ihrer Tochter an und stach

113

dem armen Mädchen beide Augen aus und – in der Nähe war ein Röhricht – band sie an das Schilf fest. Die Hexe setzte ihre Tochter neben ihn, neben den Königssohn; das arme Mädchen aber blieb dort im Schilf.

Die Hexe ging zur Kutsche zurück und liess die Kutsche weiterfahren. Sie fuhren heim; zu Hause aber waren die Herzöge, Grafen, Barone zu einem grossen Schmaus geladen; es gab eine grosse Hochzeit.

Doch anderntags in der Frühe beim Aufstehen grämte sich der Königssohn sehr. Wie sich die Prinzessin kämmte, da kämmte sie nicht Blüten sondern Läuse. Er dachte bei sich, was mag ihr nur fehlen? Er grämte sich sehr.

Einstmals geschah's, ein alter Fischer, gerade neben dem Schilfdickicht war ein Teich, und jener alte Fischer ging dorthin, Fischchen zu fischen. Und wie er dort fischte, wehklagte das arme Mädchen, das mit ihrem Haar angebunden war, und der alte Fischer hörte das Wehklagen. Er rief zurück: „Wenn du ein Menschenwesen bist, so wehklage noch einmal, und dann suche ich dich auf!"

Das hörte das arme Mädchen, und noch einmal wehklagte sie. Ging der arme Fischer hin, band ihr Haar los und führte sie zu sich heim, in sein armes Haus.

Einst sagte das arme Mädchen, sie sollten ihr einen Kamm geben. Und das arme Mädchen kämmte sich, kämmte zwei so schöne Blumen vom Haupt, dass man wohl in die Sonne hätte schauen können, aber nicht auf diese beiden Blumen. Und sie sagte zu dem alten Mann: „Alter Vater, tragt diese beiden Blumen in die Stadt, und sie werden für diese zwei Blumen drei-vier Wagen Gold bieten. Doch gebt sie nicht für diese drei-vier Wagen Gold, sondern sprecht: Mein Lämmchen ging im Walde und stiess sich das linke Auge aus; wer ihm ein linkes Auge gibt, dem gebe ich die Blumen!"

Drauf machte sich der alte Mann auf in die Stadt. Wie er in die Stadt kommt, bieten sie ihm vier-fünf Wagen Gold für die beiden

Blumen. Doch der alte Mann will die Blumen nicht verkaufen, er sagt nur: „Mein Lämmchen ging im Walde und stiess sich das linke Auge aus; wer ihm ein linkes Auge gibt, dem gebe ich die Blumen."

Indessen war er gerade bei des Königs Tor angelangt. Hört die alte Hexe, dass zwei so schöne Blumen feilgeboten werden, und läuft hinein, sagt zu ihrer Tochter: „Du Tochter! Dein Mann ist so wie so nicht zu Hause, geh und kauf die beiden Blumen. Wenn er heimkommt, wird er sich sehr über die beiden Blumen freuen und denken, du habest sie von deinem Kopf gekämmt."

Geht die Prinzessin hinaus und verspricht fünf-sechs Wagen Gold für die beiden Blumen, doch der alte Mann will sie nicht verkaufen. Er sagt, sein Lämmchen wäre im Walde gegangen und hätte sich das linke Auge ausgestossen. Wer ihm das linke Auge gäbe, dem gäbe er seine Blumen.

Da sagt die Hexe zu ihrer Tochter: „Geh, meine Tochter, hol hinter dem Ofen das linke Auge jenes Mädchens hervor, dem wir die Augen im Wald ausgestochen haben."

Geht die Hexentochter hinein und holt das linke Auge, gibt es dem alten Mann, der alte Mann aber gibt ihr die Blumen und geht heim. Wie er zu Hause angelangt war, übergab er dem Mädchen das Auge. Das Mädchen stand frühmorgens auf, und der alte Mann gab ihr das Auge, das Mädchen aber ging hinaus und wusch es mit Tautropfen und setzte das Auge ein, und da sah sie siebenmal besser als vordem. „Nun", sagte das Mädchen, „jetzt ist mein eines Auge wieder an Ort und Stelle, jetzt bin ich frohgemut."

In ihrer Fröhlichkeit schritt sie zwei Blumen, doch diese zwei Blumen waren noch siebenmal schöner als jene andern, die sie vom Haupte gekämmt. Und sie sagte dem alten Mann, er sollte diese auch zur Stadt bringen. Sie würden ihm dafür zehn Wagen Gold, elf, bieten, doch er sollte sie nicht verkaufen sondern sagen, sein Lämmchen sei im

Walde gegangen und habe sich das rechte Auge ausgestossen, und wer ihm ein rechtes Auge gäbe, dem gäbe er die Blumen.

Nun also, sie boten dafür in der Stadt elf-zwölf Wagen Gold, für diese beiden Blumen; doch der alte Mann wollte sie nicht geben, sagte nur, sein Lämmchen sei im Walde gegangen und habe sich das rechte Auge ausgestossen, und wer ihm ein rechtes Auge gäbe, dem gäbe er die beiden Blumen.

Wiederum kam er vor des Königs Tor, und die Prinzessin vernahm, dass zwei so schöne Blumen feilgeboten wurden. Die Prinzessin hielt den alten Mann an, sprach zu ihm: „Na alter Mann, gib mir die Blumen!" Sprach der alte Mann: „Ich gebe sie dir, wenn du meinem Lämmchen ein rechtes Auge gibst."

Da lief die Prinzessin hinein und holte das rechte Auge hinter dem Ofen vor und gab es dem alten Mann; der alte Mann aber gab ihr die Blumen. Mit dem Auge aber ging er heim und gab dem Mädchen ihr Auge. Wie er es dem Mädchen gegeben hatte, steht das Mädchen morgens in der Frühe auf, geht hinaus, tut das Auge an seine Stelle, wäscht sich mit Tautropfen, wäscht das Auge, und da sieht sie siebenmal besser als mit dem andern. Und sie spricht zum alten Mann: „Bisher, Grossvater, Grossmutter, habt Ihr lieb für mich gesorgt; jetzt nun sammelt alle eure Gefässe, bringt sie in die Mitte des Hauses und legt sie auf einen Haufen."

Als sie all ihre Gefässe hereingebracht hatten, da sprach das Mädchen: „Nun altes Väterchen, schämt Euch nicht, dreht Euch einmal vor mir herum!"

Der Alte schämte sich nicht, drehte sich einmal vor ihr, siehe, da wurde ein sechzehnjähriger Jüngling aus ihm.

Sprach sie auch zur alten Frau: „Nun Mütterchen, schämt Euch nicht, dreht Euch auch einmal!"

Die Alte drehte sich auch einmal; siehe, da wurde ein vierzehnjähriges Mädchen aus ihr. Dann nahm sie einen Kamm und kämmte all jene

Gefässe, die sie in die Mitte des Hauses gebracht hatten, voll mit Gold. Dann sprach sie zum alten Mann und zur alten Frau: „Nun, Grossmutter, Grossvater, davon könnt Ihr leben; ich gehe jetzt fort."

Drauf machte sie sich auf in die Stadt, verabschiedete sich von ihnen. Wie es in die Stadt kommt, gelangt das Mädchen an des Königs Tor. Sagt die Köchin zu ihr: „He Mädchen, wohin gehst du?"

Sagt das Mädchen: „Ich möchte mich verdingen, wenn ich irgendwo eine Stelle bekommen könnte."

Geht die Köchin hinein und meldet dem Königssohn, dass draussen beim Tor ein Mädchen wäre, und es würde ihr als Aufwaschmädchen recht sein. Und der Königssohn geht hinaus und dingt sie der Köchin als Hilfe.

Dort blieb sie ungefähr drei Wochen. Nach drei Wochen, eines Sonntags früh, sagt sie zur Köchin: „Köchin, seid so gut, erlaubt, dass ich auch eine Palatschinke mache."

Die Köchin erlaubte es. Sie machte auch eine Palatschinke; in diese Palatschinke aber tat sie den Ring, den ihr der Königssohn im Walde gab, als sie ihm die zwei Blumen gegeben hatte. Jene Palatschinke aber kam beim Nachtmahl just vor den Königssohn. Als der Königssohn sie ass, da biss er auf den Ring. Er holt den Ring heraus, und da sieht er, dass es der Ring der Prinzessin ist. Steht er unverweilt vom Tisch auf und geht hinaus in die Küche. Spricht zur Köchin: „Ei, wer hat die Palatschinke gemacht?"

Die Köchin sagte, niemand anderes als sie. Doch der Königssohn begann die Köchin auszufragen. Die Köchin gestand, dass sie der Magd erlaubt hatte, eine Palatschinke zu machen.

Geht er zur Magd hin, beginnt sie zu fragen, ob sie die Palatschinke gemacht habe. Sagt die Magd, sie nicht. Da gab der junge König der Magd wahrhaftig eine Ohrfeige; die Magd aber lachte laut auf und schritt frohgemut vor ihm her. Siehe, da wuchsen auf ihrer Fußspur zwei so schöne Blumen, wie der junge König sie noch nimmer erblickt.

Gleich erkannte der junge König, dass dies seine Liebste war. Flugs bot er ihr den Arm, führte sie hinauf an den Tisch und setzte sie an den Tisch. Dann aber liess er die Hexe und ihre Tochter binden, und sie mussten gestehen, wohin sie den Bruder des Mädchens gebracht hatten. Die Hexe und ihre Tochter hatten des armen Mädchens Bruder in eine Steinmauer gesteckt. Und der junge König holte ihn von da heraus; sie aber steckte er in ein grosses, grosses Fass; das grosse Fass wurde kreuz und quer mit langen Nägeln ausgeschlagen und auf einen hohen Berg getragen, von dort liessen sie es herunterrollen, und sie wurden ganz zu Mus und Brei. Der Königssohn aber führte sie als Gemahlin heim. Sie hielten eine grosse Hochzeit, und bis zum heutigen Tag halten sie noch Hochzeit, wenn sie nicht gestorben sind.

Im Märchen treffen wir bereits in der Ausgangssituation auf das Problem naiver Vertrauensseligkeit gegenüber einem leichthin gegebenen Versprechen, das noch mit einem Stück Brot unterstrichen wird. Brot wird als sichtbares Zeichen mütterlicher Glaubwürdigkeit missbraucht, um die Kinder und den Mann zu verführen, sich für die Witwe und ihr so positiv erscheinendes Angebot zu entscheiden. In Milch und Wein baden könnte als Chiffre für primäre Liebe, in der Milch symbolisiert, und Wein als Chance, unbeschwerte Glückseligkeit zu erleben, verstanden werden.

Innerhalb von 14 Tagen gelingt es der Frau, den Mann so abhängig zu machen, dass er seine Väterlichkeit zwar nicht ganz kündigt, denn er baut den Kindern eine Hütte im Wald, trotzdem trennt er sich von ihnen. Das Mädchen ist mehr als der Junge mit besonderen Kräften ausgestattet, sie wird als zauberkundig beschrieben. Damit mag es zusammenhängen, dass nach einem gewissen Zeitraum, der vielleicht als Entwicklungszeit zu verstehen ist, im Wald ein schöner Grasplatz und mitten darin ein Heuhaufen entsteht. Dieser wird als so schön beschrieben, dass er in seinem Glanz den der Sonne übertrifft. Wenn wir die Sonne als Hinweis auf das männliche Prinzip verstehen, könnte in diesem Bild sichtbar werden, dass das Mädchen mit seinen Zauberkräften die Macht des schwachen Männlichen relativiert, das sie ja in Gestalt des Vaters verstoßen hat. Das bestätigt sich in der Folge, als ein Königssohn das Heu als Futter für sein Pferd wahrnimmt, gerade als das Geschwisterpaar diesen Heuhaufen als seine Wohnung bezogen hat. Die Kinder haben die Hütte, die der Vater in seiner halbherzigen Fürsorge gebaut hat, verlassen und sind in den archaischen, den Glanz der Sonne übertreffenden Heuhaufen gezogen. Es geht also offenbar um einen Schritt in eine heilende Regression. Heu als getrocknetes Gras könnte einen Aspekt guter Mütterlichkeit repräsentieren, die dem Geschwisterpaar in der frühen Kindheit ganz offensichtlich gefehlt hat.

Ein weiterer Aspekt spricht für die frühe Mangelerfahrung: das Mädchen ist dem Bruder in großer Treue verbunden. Erfahrungsgemäß halten Geschwister dann in Treue zueinander, wenn ein oder gar beide Elternteile nicht vorhanden, egozentrisch oder verstoßend sind. Das bestätigt auch der Vergleich zwischen Geschwisterbeziehungen in früherer Zeit und heute. Waren damals Eltern eher fern und hielten die Kinder auf Abstand, waren jene aus Überlebensgründen gezwungen, füreinander da zu sein, sich wechselseitig zu unterstützen und zu betreuen.

Im Märchen begegnet uns wieder eine treue Schwester, die den Bruder nicht ohne Weiteres verlässt. Sie übernimmt für ihn mütterliche Verantwortung. Dies mag auch mit dem Bild des bergenden und gleichzeitig leuchtenden Heuhaufens gemeint sein.

Ist sie damit in Gefahr, sich selbst zu wenig zu sehen und sich darum zu schnell mit dem Königssohn zu verbinden, ohne seine Persönlichkeit angemessen geprüft zu haben?

Wie ist das Kämmen der Haare, aus denen zwei schöne Blumen wachsen, zu verstehen?

Die Zauberkräfte des Mädchens erwachsen aus ihrem Kopf, sind also überwiegend vom Verstand bestimmt. Kann sie darum das weitere Schicksal nicht positiv lösen? Die Mutter des Königsohns wird durch diese schönen Blumen bestochen. Ihre Entscheidung für die Schwiegertochter ist ebenso rational wie die „Kopfgeburt" der Blumen. Bezeichnenderweise konstelliert sich angesichts dieser einseitigen Perspektive, wie schon in anderen Märchen, der negative Archetyp des Weiblich-Mütterlichen: Die Hexe. Ihre Tochter ist die Geliebte des Königs, vertritt damit offensichtlich den Aspekt intensiver Gefühle, sexueller Faszination. Einseitige Rationalität zwingt immer den Gegenaspekt überschießender Emotionalität auf den Plan. Der Prinz dürfte, auch in Abhängigkeit von seiner Vernunft gesteuerten Mutter, stellvertretend für ein noch wenig eigenständiges Ich stehen. Er ist deshalb noch nicht in der Lage, klar zu unterscheiden und sich dann eindeutig zu entscheiden. Seine unentwickelte Gefühlsseite in Gestalt seines weiblichen Inbildes wird auf das Weibliche projiziert und er erliegt dieser Projektion in Faszination. So wird verständlich, dass er den Tausch der beiden jungen Frauen nicht wahrnimmt. Selbst als die Hexentochter am nächsten Tag statt schöner Blumen Läuse aus ihren Haaren kämmt,

„grämte" er sich nur. Er erkannte die falsche Braut nicht, sondern fragte sich lediglich, was ihr fehlen möge.

Wie ist das Geschick des schönen Mädchens zu verstehen? Sie kann sich gegenüber dem negativen Mutteraspekt, mit dem sie bereits zu Anfang des Märchens konfrontiert war, nicht wehren. Sie wird zum Opfer, verliert ihre Augen, die anscheinend zu wenig sehen, und wird mit den zauberkräftigen Haaren an das Schilf gefesselt. Viele Märchen und mythische Geschichten wissen von den übernatürlichen Kräften, die in den Haaren liegen. Das Mädchen muss anscheinend in einer Rückwärtsorientierung ganz hilflos werden, um ihre eigenen Kräfte nicht ausschließlich über den Kopf, sondern aus der Mitte ihrer Persönlichkeit zu begreifen. Äußere Blindheit scheint als Symbol für die Fähigkeit zu höherer Erkenntnis in der Mythologie nicht selten Voraussetzung gewesen zu sein. Sophokles schildert in seinem Drama „König Ödipus"[11] den blinden Seher Teiresias, der den Schlüssel für die Ursache der schrecklichen Seuche, die Korinth heimsuchte, in Händen hält. Er zeigt Ödipus, wie blind er trotz seiner Königswürde ist. Erst über den Verlust seiner Augen wird er zum weisen Ödipus, der menschliche Wahrheit erkennt.

Und auch Phineus, der in der Argonautensage[12] erwähnt wird, war ein blinder Seher. Er allerdings missbrauchte seine Fähigkeit zur Schau, indem er schwatzhaft seine Erkenntnisse zu Markte trug.

Zunächst aber muss das Mädchen wehklagen, ganz in Trauer und Depression versinken und das nicht nur einmal, sondern als Ausdruck seiner Menschlichkeit wiederholt, um von einem alten Fischer erlöst zu werden. Es geht auf dem Weg der Selbstfindung also um eine neue Erfahrung positiver, helfender Väterlichkeit. Erst jetzt kann sich der Prozess der Selbsterlösung vollziehen. Und wieder geht es nicht ohne List. Der dunkle Aspekt des Weiblichen wird mit dem Tausch der Blumen, die das Mädchen erneut aus den Haaren kämmt, gegen das linke Auge, das im Besitz der Hexentochter ist, integriert. Nun ist die Sehkraft des linken Auges, das für Fühlen und emotionales Erleben steht, sieben mal besser. Die Zahlsymbolik[13] der Sieben weist auf die Integration von weiblichen und männlichen Kräften hin. Es hat ein positiver Ausgleich stattgefunden, der durch die Güte und Unbestechlichkeit einer Großvaterfigur möglich wurde.

Es mag hier das archetypische Bild des „Alten Weisen"[14] wirksam geworden sein, um die problematischen Bilder eines hilflosen Vaters und eines wenig ichhaften Königssohnes zu kompensieren. Die lebendige Erfahrung archetypischer Bildhaftigkeit ist in der Lage, über negative persönliche Erfahrungen hinaus Weichen zu stellen für ein belastbares inneres Gleichgewicht.

Interessanterweise entstehen die Blumen, die dem Mädchen den Rückgewinn seines rechten Auges erlauben, nicht mehr aus den gekämmten Haaren, sondern nun kann es Blumen schreiten. Das Mädchen hat über die leidvolle und schmerzliche Regression einen neuen Standpunkt gewonnen, der ihr erlaubt, über die eigenständige Bewegung einen Wert zu erschaffen. Dieses neue Wissen ermöglicht ihr nicht nur den Rückgewinn ihres rechten Auge, sondern die Sehfähigkeit ist jetzt noch einmal sieben mal besser. In dieser neu gewonnenen souveränen Identität kann sie den helfenden Großelternfiguren gegenüber die Rollen vertauschen und ihnen über die Verjüngung und das aus den Haaren gekämmte Gold Wert und Entwicklungsspielräume schenken.

Damit ist jedoch der Entwicklungsweg von naiver und unangemessener Vertrauensseligkeit über das vertraut werden mit echter Hilfe bis zur vertrauensvollen Beziehungsfähigkeit noch nicht abgeschlossen. Die Küche, in alchemistischer Parallele ein Ort des Wandlungsgeschehens, ist der Raum, in dem das Mädchen mit eigenen Händen das Erlösungswerk vollzieht. Der Palatschinken, ein in mehreren Schichten mühsam herzustellendes Pfannkuchengericht, wird zum Hort für den Ring, das Symbol der Zugehörigkeit, das jetzt auch dem Prinzen den Beginn von Unterscheidung und Erkenntnis ermöglicht. Aber erst durch den Mut zur Aggression in Gestalt der Ohrfeige kann sich das Mädchen von dem Zweifel an der Vertrauenswürdigkeit des Prinzen befreien. Sie lacht und kann jetzt aus der Erleichterung heraus die Blumen schreiten, die dem Prinz die Augen für seine wahre Braut öffnen.

Der Bruder des Mädchens war von der Hexe in eine Steinmauer gesteckt worden. Er dürfte im Märchen den Aspekt der Angst vertreten, ein Gefühl, das jeden Wandlungs- und Entwicklungsprozess begleitet. Das Bild der Steinmauer knüpft an eine Erfahrung aus dem Tierreich an: Ist in bedrohlichen Situationen keine Flucht möglich, reagieren Tiere mit Erstarrung. Es ist aber auch ein Gegenbild zur Schwester, die in der Lage ist, die Situation über Aktivität in ihrer existenziellen Bedrohung aufzulösen.

Die analytische Perspektive C. G. Jungs polarisiert jedoch nicht ausschließlich in konkretes männliches und weibliches Tun. Sie weist vielmehr zusätzlich auf die unbewusste gegengeschlechtliche Dimension in Mann und Frau hin.

Dann würde die Erstarrung und Passivität des Bruders darauf hinweisen, dass das Mädchen einen Entwicklungsschritt von reiner Rationalität zu bezogener Geistigkeit machen muss. Der Bruder dagegen ist aufgerufen, ähnlich wie der Prinz, sich auf seine lebendige Emotionalität einzulassen, statt sie in Faszination auszuleben oder angstvoll abzuspalten.

Die Bestrafung der Hexe und ihrer Tochter zeichnet ein vordergründig grausames Bild, trotzdem bietet die Symbolik auch hier eine versöhnliche Perspektive an. Wenn die unterschiedlichen Mutteraspekte, die im Märchen anklingen, zu einer positiven Erfahrung für die heranwachsende nächste Generation werden sollen, dann ist auch die Entwicklung einer angemessenen Aggressivität im Sinne des „ad gredi" notwendig. Das Wagnis, aus einer erduldenden Opferhaltung in die „Täterrolle", das heißt, in die Aktivität zu gehen, um ein Ziel zu erreichen, Bedürfnisse zu verwirklichen, erfordert Gradlinigkeit. Das sind die spitzen Nägel im Märchen, die Veränderung und Wandlung bewirken. Sie vollzieht sich im Fass, wie in einem hermetischen Gefäß. Es entsteht „Mus und Brei", die primäre Nahrung des kleinen Kindes. So entstehen Bilder für das, was Kinder für eine gesunde Entwicklung brauchen: Frühe Geborgenheit und Ermutigung zur angstfreien Autonomie. Endet das Märchen insofern hoffnungsvoll – als symbolisch verstanden – so auch der frühe Mangel der Kinder, die offensichtlich mutterlos aufgewachsen sind, ausgeglichen wird? Es schließt sich ein Kreis, der zu Hoffnung und Zuversicht ermutigt.

SINNFRAGE UND DIE
ZUKUNFTSPERSPEKTIVE

Die Frage nach dem Sinn gegenwärtigen Tuns schließt immer den Blick auf die Zukunft mit ein. Es stellt sich die Frage, ob das Leben im Jetzt und Hier auch die Endlichkeit des Lebens mit einschließt und trotzdem so sinnvoll ist, dass das Sterben jederzeit möglich ist. Wenn ein absehbarer Tod mich zwänge, mein aktuelles Leben zu verändern, dann wurde noch nicht der richtige Sinn gefunden. Sinnvoll leben heißt, sich der eigenen Person zu stellen, heißt, in sich hineinzuschauen. Dies geht aber nur in einer vertrauten und vertrauensvollen Begegnung. Wir alle brauchen einen Menschen, auf den wir uns verlassen können, um nicht dem Gefühl der Verlassenheit ausgeliefert zu werden. Diese Begegnung wird zur Erlösung aus der zum Menschen gehörenden archetypischen Einsamkeit; es ist die Liebe, die sich in den anderen einfühlt, als ob es das Eigene ist. Dann ist mir der andere nahe, ich teile seine Gefühle, sein Sein, sein Tun. Zusätzlich erlaubt gerade dieses Wissen die Akzeptanz der Einsamkeit in Leben und Tod.

Leben heißt, sich dem Fluss des Lebens im ständigen Wandel zu überlassen

Wir wissen zwar, dass das Leben ein Fluss ist und wir dem Gesetz der tagtäglichen Veränderung ausgeliefert sind. Dieser Wandel ist jedoch nicht nur tragisches Loslassen, sondern birgt auch die Chance der Weiterentwicklung in sich. Gleichzeitig ist das menschliche Sehnen jedoch davon geprägt, befriedigende oder glückliche Momente im Leben festzuhalten, ihm Dauer zu verleihen. Das Gewohnte und damit die Wiederholung des Gleichen vermittelt Geborgenheit, die Veränderung, das Neue, ist immer auch beunruhigend und stellt gewonnene Sicherheit in Frage. Mit dem Verharren im Gewohnten wird jedoch das Gesetz des Lebens missachtet und mündet nicht selten in der Erstarrung der Depression.

Märchen: Alecko und seine drei Schwestern

Nicht weit von der Küste des Schwarzen Meeres lag in einem grünen Tal das Gehöft einer Bauernfamilie. Dem jungen Paar waren drei Töchter geboren, die Freude der Mutter und der Stolz des Vaters.

Die Töchter wuchsen heran, und so mancher Bauer überlegte schon, wann er den Brautwerber für seinen Sohn machen könnte. Eines Tages wurden die Bewohner der ganzen Gegend zu einem großen Hochzeitsfest ins nahe gelegene Dorf eingeladen. Da spannte der Vater seine Ochsen an und fuhr mit seiner Frau und seinen Töchtern zum Hochzeitshaus. Die Brautmutter lud nach dem Kirchgang alle ein, nach Herzenslust zu essen und zu trinken. Der Brautvater winkte den Mu-

sikanten zu, die mit der Lyra und der Flöte eine fröhliche Melodie anstimmten, sodass die Lust zum Tanz allen in die Glieder fuhr. Bald tanzten sie im fröhlichen Reigen, zuerst die jungen Männer, dann die Mädchen und schließlich alle miteinander.

Plötzlich ertönten auf der Dorfstraße donnernde Hufschläge. Sechs Männer ritten in den Hof ein, sprangen von ihren Pferden, und während die drei Reitknechte draußen warteten, gingen die drei andern, hohe mächtige Gestalten, auf die Festversammlung zu und verneigten sich vor dem Gastgeber. Dann warfen sie den Musikanten eine Handvoll Geldstücke zu und forderten sie mit herrischer Gebärde auf, weiterzuspielen. Immer schneller spielte die Musik, immer wilder wirbelten die Tanzenden durch den Saal.

Plötzlich fuhren sie auseinander. Ehe die erschrockenen Zuschauer es recht begreifen konnten, hatte jeder der drei Fremden eine der Töchter des Bauern am Handgelenk gepackt und sie in stürmischer Hast mit sich gerissen. Die Reitknechte hoben die Mädchen in den Sattel. Alle Männer sprangen auf, ergriffen die Zügel und jagten wie der Sturmwind davon.

In rasendem Galopp folgte ein junger Mann den Räubern. Bevor sie das nächste Dorf erreicht hatten, glaubte er zu sehen, wie ein Pferd mit seinem Reiter im Erdboden verschwand, ein zweites dem offenen Meer zujagte und das dritte zu den Wolken aufstieg. Die drei Begleitpferde lösten sich wie Nebel auf. Danach hatte niemand mehr die drei dunklen Reiter und ihre Knechte gesehen, so sehr man auch nach ihnen suchte.

Trauer erfüllte das Haus der unglücklichen Eltern. Als aber ein Jahr vergangen war, empfingen sie unerwarteten Trost: Es wurde ihnen ein Sohn geboren, den sie wie ihren Augapfel hüteten. Von seinen Schwestern erzählten sie ihm nie. Alecko wuchs zu einem schönen, kräftigen Jungen heran.

Als der Bauer eines Tages in die Stadt geritten war, klopfte es an die Haustür. Ein alter Mann mit seinem kleinen Enkel bat um eine kurze

Rast. Die Mutter empfing ihn freundlich. Sie kannte den Fischer, der ihnen früher so manchen frischen Fang gebracht hatte, nun aber zu alt zum Fischen war. Sie brachte Wein und Brot, Käse und Oliven und lud beide zum Essen ein. Dann ging sie hinaus in den Garten. Alecko saß in der angrenzenden Kammer und schnitzte an einem Hirtenstab. Er saß dicht neben der offenen Tür. So konnte er die Gäste sehen und hören, was sie miteinander sprachen. „Das ist ein schönes Haus und eine gute Hausherrin", sagte der kleine Enkel. „O ja", antwortete der Großvater, „ich bin schon oft hier eingekehrt und man hat mich immer gastfreundlich empfangen. Es ist nur ein großes Unglück, dass es so ein trauriges Haus geworden ist. Du solltest es zehn Jahre vorher erlebt haben. Da wollte das Lachen und Singen nicht aufhören, wenn die drei schönen Töchter durch die Stuben liefen."

„Aber wo sind sie denn geblieben?" rief das Kind. Der alte Fischer schüttelte den Kopf und flüsterte: „Wo sie jetzt sind, vermag niemand zu sagen. Es war auf einem großen Hochzeitsfest, als …"

Hier unterbrach er sich erschrocken, denn die Hausfrau trat zur Tür herein. „Habt ihr Alecko nicht gesehen?" rief sie.

„Hier bin ich, Mutter", antwortete der Junge. Kaum, dass der alte Fischer mit seinem Enkel das Haus verlassen hatte, bestürmte er seine Mutter mit Fragen nach seinen Schwestern. Diese weinte bitterlich und sprach: „Laß uns nie davon sprechen, es bricht mir das Herz!"

Aber Alecko fand keine Ruhe. Ungeduldig wartete er auf die Rückkehr des Vaters. Als dieser seine Mahlzeit verzehrte, wiederholte Alecko die Frage nach den drei Schwestern. Der Vater wurde sehr ernst und sagte: „Du bist jetzt wohl groß genug, dass du unser Schicksal erfahren kannst", und er erzählte ihm alles. „Es können keine Menschen, es müssen Dämonen gewesen sein, die deine Schwestern geraubt haben", sprach er.

„Ich werde in alle Städte und Dörfer gehen", rief Alecko, „um meine lieben Schwestern zu suchen, und ich werde nicht eher zurückkommen, bis ich sie gefunden habe!"

„Du bist das einzige Kind, das uns geblieben ist. Sollen wir dich auch noch verlieren?"

Aber Aleckos Entschluß war unumstößlich: „Meine Füße werden so rasch nicht müde, und meine Augen sind so scharf wie die Augen eines Adlers. Ihr müßt mir nur ein Erkennungszeichen mitgeben, damit meine Schwestern wissen, dass ihr Bruder kommt, um sie zu erlösen."

Da packte ihm die Mutter ein Ledersäckchen mit einem Mundvorrat für seinen langen Weg und holte aus ihrer Truhe drei Dinge heraus, die sie ihm anvertraute.

„Diesen Silberbecher bekam deine älteste Schwester Sophia von ihrer Patin. Sie hat täglich daraus getrunken. – Dieses bunte Kopftuch hat deine zweite Schwester Anna verloren, als der Räuber sie auf sein Pferd riß. Ich habe viele Tränen seither hineingeweint. – Diesen kleinen hölzernen Stempel benutzte deine jüngste Schwester Eleni, wenn sie mir beim Brotbacken half. Ein frommer Mönch, der sich auf Pilgerreise befand, schenkte ihn dem Kind und sprach: „Wer auch immer von dem Brot ißt, in das du diesen Stempel mit dem heiligen Kreuzeszeichen gedrückt hast, der wird gesund werden und gesund bleiben."

Da wir manches Jahr mit Dank gegen Gott dieses Brot gebacken und gegessen haben, so kann ich die Hoffnung nicht aufgeben, dass deine Schwestern noch gesund und am Leben sind."

Alecko küßte die Eltern und machte sich voll Mut und Zuversicht auf den Weg. Er lief, solange ihn seine Füße trugen, und war er müde, klopfte er an eine Haustür und bat um ein Nachtlager. Überall nahm man ihn freundlich auf. Noch im Umkreis von drei Tagen kannte man seine Eltern und wußte von der vergeblichen Suche nach den drei Töchtern. Doch als er weiter wanderte und fragte, schüttelten die Leute nur ungläubig den Kopf. Eines Abends gelangte Alecko in ein Ha-

selnussgehölz, aus dem ein leises Stöhnen zu ihm drang. Furchtlos ging er ihm nach und fand unter einem mächtigen Busch eine alte Frau, die wimmerte.

„Kann ich dir helfen, Großmütterchen?"

„Ach, du gutes Kind", seufzte die alte Frau, „ich habe mir den rechten Fuß verletzt. Es schmerzt mich so beim Gehen, dass ich die Quelle nicht erreichen kann, die doch ganz in der Nähe fließt. Es ist mir, als müsste ich verdursten."

Alecko ließ sich die Richtung zu der Felsenquelle weisen, eilte so rasch er konnte dorthin, füllte den Silberbecher mit dem klaren Wasser und setzte ihn der alten Frau an die Lippen. Kaum hatte sie daraus getrunken, schienen ihre Lebensgeister wieder zu erwachen: „Ich will mich ein wenig auf deine Schultern stützen. Dann können wir zusammen zu meinem kleinen Haus gehen und das Abendbrot essen."

Alecko biß die Zähne zusammen, denn das Gewicht der alten Frau schien ihm unendlich schwer zu sein. In der Dämmerung erreichten sie eine Waldhütte. Bevor sie sich zum Schlaf niederlegten, hatte Alecko der Alten seine Sorgen berichtet. „Schlafe nur ruhig", sprach sie zu ihm, „du bist bei mir gut aufgehoben. Ich bin die Haselnussfrau. Morgen früh werde ich dir helfen können."

Auf einer Bank machte sie dem Jungen ein Lager zurecht. In seinen Träumen schien es ihm, als redete die Haselnussfrau mit einem großen Vogel, der auf der Fensterbank saß. War es eine Eule oder war es ein Rabe? Früh am Morgen erwachte er. Das Morgenessen stand schon auf dem Tisch, und die Haselnussfrau sprach: „Es ist so, wie deine Eltern es befürchtet haben. Deine drei Schwestern wurden von drei mächtigen Dämonen entführt, die in der Luft, im Meer und in der Unterwelt herrschen. Sie gehorchen alle drei der uralten Großen Mutter, die streng über ihre Söhne herrscht. Im Sommer lebt sie bei ihrem ältesten Sohn hoch in den Bergen auf einem Felsenschloß. Dann scheint für die Menschen die Sonne und segnet ihre Fluren. Doch ist die Große Mutter zornig, dann sengen und brennen die Sonnenstrahlen unbarmherzig auf die Erde herab. Ist die Mutter im Felsenschloß des Sommers überdrüssig, so zieht sie zu ihrem zweiten Sohn in den Kristallpalast im tiefen Meer. Ihre Söhne jagt sie auf grauen Wolkenrossen über die große Wasserwüste zu den Ländern der Menschen. Dann beginnt bei uns der Herbstregen. Schließlich verläßt die Mutter auch das Wasserschloß und steigt zu dem dritten Sohn in die Unterwelt hinab. Dann wird es bei uns Winter. Das Herrschen fällt der Großen Mutter nicht schwer, aber das Arbeiten. Und so müssen die Söhne ihr Dienerinnen herbeischaffen. Dabei halten sie Ausschau nach fleißigen, schönen Mädchen, die noch nicht verlobt sind, und die keinen Bruder haben, damit sie niemand ernstlich suchen und wieder heimführen kann. So manches Mädchen ist seither geraubt und niemals wieder nach Hause gekommen. Deine Schwestern aber haben von dem gesegneten Brot gegessen. Daher sind sie noch am Leben und warten auf ihre Erlösung; die Älteste in der Unterwelt, die zweite im Kristallpalast und die jüngste im Felsenschloß. Du musst zuerst in die Unterwelt steigen, dann zu dem Wasserschloß hinabtauchen, ehe die Große Mutter mit dem Ende des Sommers das Felsenschloß verläßt. Dann triffst du Sophia und Anna alleine an, und sie wissen wohl, wie sie befreit werden können. Du hast mir geholfen", sprach die Haselnussfrau weiter, „und so helfe ich dir auch. Meine Vögel werden dich begleiten. Folge zuerst dem Raben. Er zeigt dir den Eingang in die Unterwelt. Und hast du dort die älteste Schwester gefunden und zu den Eltern gebracht, so komme wieder zu mir und ich werde dir weiterhelfen."

Sie schloß die Türe auf und rief den Raben. Der setzte sich zuerst auf Aleckos Schulter und flog dann langsam einen Waldweg voraus, der in eine tiefe Schlucht führte. Die Gegend wurde immer unheimlicher. Endlich schoben sich die Felswände so dicht zusammen, dass kaum ein Zwischenraum für einen Durchgang blieb. Der Rabe flog

131

auf einen Spalt zu und schlug mit den Flügeln gegen die Steine. Da wichen diese lautlos auseinander, sodass Alecko eine breite Treppe gewahrte.

„Wo bist du, mein Rabe?" rief er. Aber der Vogel konnte ihn nicht mehr weiter in das Reich der Unterwelt begleiten. Und rückwärts blickend sah er ihn in langsamem Flug davongleiten. Alecko stieg die Stufen hinab, die in eine ungeheure Höhle führten. Es rauschte wie von einem unsichtbaren Fluß, und es war dem Jungen, als hörte er einen leisen traurigen Gesang. Er lief in der Höhle umher und entdeckte schließlich in einer Nische ein junges Mädchen, das auf einem Dreifuß neben einer riesigen Amphore saß und eine Spindel auf und ab tanzen ließ. Dazu sang es eine dunkle Melodie.

„Sophia", rief Alecko.

Da ließ das Mädchen die Spindel fallen und sah den Jungen fassungslos an. „Wie kommst du in diese Höhle, die noch nie ein menschlicher Fuß betrat, seit ich hier gefangen bin? Wer bist du, der du meinen Namen kennst?"

„Sophia, ich bin dein Bruder Alecko."

Sie schüttelte traurig den Kopf. „Ich habe keinen Bruder, du willst mich betrügen."

„Glaube mir, Sophia", rief Alecko, „als man euch geraubt hatte, wurde den Eltern ein Sohn geboren. Ich bin gekommen, um dich zu erlösen. Die Mutter schickt dir diesen silbernen Becher, damit du weißt, dass ich die Wahrheit spreche."

Da umarmte und küßte ihn die Schwester. „Kannst du mir folgen?" wollte Alecko sogleich wissen. „O nein", antwortete Sophia traurig, „das große Felsentor bleibt mir verschlossen, ehe ich nicht eine schwere Aufgabe gelöst habe. Wenn ich am Morgen, am Mittag und am Abend Durst habe, so steht ein Krüglein voll Wasser vor mir. Kaum habe ich daraus getrunken, so ist es verschwunden. Doch darf ich erst heimkehren, wenn ich diese Amphore neben mir mit dem Wasser gefüllt habe, das ich aus dem Fluß, der in der Tiefe der Höhle rauscht, geschöpft habe. Es ist der Fluß Lethe, der Fluß des Vergessens. Mit meinen Händen habe ich vielhundertmal versucht, das Wasser in den Krug zu tragen. Die Aufgabe ist unlösbar."

Aleckos Augen leuchteten auf. „Schwester, wir haben jetzt den Silberbecher. Wir wollen uns im raschen Lauf teilen, das Wasser mit ihm aus dem Fluß schöpfen und in den Krug tragen."

Sie liefen Stunde um Stunde zwischen dem Fluß und der Amphore hin und her, bis das Gefäß gefüllt war. Kaum hatten sie die Arbeit beendet, als ein Donnerschlag sie zusammenfahren ließ und der Herr der Unterwelt vor ihnen stand. Aber Sophia war jetzt von aller Angst befreit. „Die Stunde ist gekommen, da ich diese Höhle verlassen darf. Dies ist mein Bruder, der mir geholfen hat, die Aufgabe zu lösen. Sieh, hier das volle Gefäß. Ich habe deiner Mutter treu gedient. Ich habe viele Stunden gesponnen und gewebt. Jetzt müßt ihr mir die Heimkehr erlauben."

Da wich der Herr der Unterwelt wie ein Schatten in den Hintergrund der Höhle zurück. Die Felsspalte öffnete sich, und die Geschwister schritten Hand in Hand die Treppe hinauf, dem Sonnenlicht entgegen.

„Wo bist du, mein Rabe?" rief Alecko.

Da rauschte es über ihnen und der Vogel flog ihnen voraus. Nur wenige Stunden wanderten die Geschwister durch den dichten Wald, bis er sich lichtete und das heimatliche Flußtal mit dem väterlichen Hof vor ihnen lag.

„Kennst du das Haus unserer Eltern?" fragte Alecko.

„Tag und Nacht stand es vor meinen Augen. Laßt uns zu Vater und Mutter eilen!"

„Mein Weg ist noch nicht zu Ende", sprach Alecko ernst, „Anna und Eleni warten, dass ich sie erlöse. Geh du allein, umarme und küsse die Mutter und grüße sie von mir, doch hüte dich, auch dem Vater einen Kuß zu geben. Wenn du es dennoch tust, hast du mich *augenblicklich vergessen, und niemand im Haus wird sich meiner erinnern."*

„Oh, mein lieber Bruder", rief Sophia, „wie könnte das jemals geschehen. Tausend gute Wünsche auf deinen Weg."

Damit lief sie hinab ins Tal und winkte ihm noch viele Male zurück. Freude und Jubel über die heimgekehrte Tochter wollten kein Ende nehmen. Die Mutter weinte Tränen der Freude. Da trat der Vater hinzu, und Sophia vergaß die Warnung des Bruders und küßte ihn. Im selben Augenblick war die Erinnerung an Alecko ausgelöscht. Und als die Eltern fragten, wo sie so lange gewesen, und wer sie heimgebracht hätte, antwortete sie ängstlich: „Wir wollen nie darüber sprechen. Ich war lange in der Dunkelheit gefangen. Ich bin durch einen großen Wald gegangen, aber ein schwarzer Rabe flog vor mir her und zeigte mir den Weg."

Alecko folgte dem treuen Raben auf kleinen Pfaden durch die Haselnussgärten. Erschöpft kam er an der Hütte an, vor der ihn die Haselnussfrau erwartete.

„Brav hast du dich gehalten", lobte sie ihn, „bleibe bei mir diesen Tag und die nächste Nacht, so will ich dir Helfer für deinen Weg zum Wasserschloß herbeirufen."

Aus langem Schlaf erwachte der Junge erfrischt auf. Die Haselnussfrau deutete auf eine weiße Möwe und sprach: „Diese Möwe wird dir ans Meer zu einer stillen Bucht vorausfliegen. Aber über die Wellen kann sie dich nicht tragen. Stelle dich auf einen großen Stein am Ufer, klatsche dreimal in die Hände und rufe: „Delphin, lieber Bruder, komm rasch hierher, trag mich auf deinem Rücken durchs Meer."

Alecko dankte der Haselnussfrau und folgte der Möwe. Um die Mittagsstunde stand er am Ufer des Meeres. Da klatschte er dreimal in die Hände und rief über die große Wasserfläche: „Delphin, lieber Bruder, komm rasch hierher, trag mich auf deinem Rücken durch das Meer."

Da tauchte ein Delphin vor ihm auf und trug ihn schnell wie ein Pfeil

durch die Fluten. Als die Sonne sank, rief der Delphin: „Schließe die
Augen. Ich tauche in die Tiefe."
Nach wenigen Minuten ließ ihn der Delphin herabgleiten und
schwamm davon. Alecko aber stand vor einer hohen Kristallmauer,
die glänzte und funkelte. Er umwanderte den riesengroßen acht-
eckigen Kristallpalast, doch er sah weder Fenster noch Türen. Und es
half auch kein Klopfen und Rufen. Endlich dachte Alecko an das
Tuch, das ihm die Mutter mitgegeben hatte, und schlug damit gegen
die Glaswand. Da sprang diese mit leisem Klingen auf und ließ ihn
in einen hellen Saal eintreten. Wieder hörte Alecko den gleichen trau-
rigen, dunklen Gesang wie in der Felsenhöhle, wieder sah er in einer
Nische ein junges Mädchen sitzen, vor sich einen Tisch mit Tellern
und Bechern aus Kristall, die es mit einem Tuch zum Glänzen
brachte.
„Anna", rief Alecko leise.
Das Mädchen ließ das Tuch fallen und stieß einen Schrei aus. „Wie
kommst du in dieses Kristallschloß, das noch nie ein menschlicher Fuß
betrat, seit ich hier gefangen bin? Wer bist du, der du meinen Namen
kennst?"
„Anna, ich bin dein Bruder Alecko, ich bin gekommen, um dich zu
erlösen."
Doch genau wie Sophia wollte sie ihm nicht glauben. Da holte er das
Tuch hervor, das die Mutter ihm mitgegeben hatte. Anna erkannte es
wohl. Sie umarmte und küßte den Bruder.
„Komm mit mir nach Hause!" rief Alecko.
Anna sprach traurig: „Der Kristallpalast bleibt mir verschlossen,
wenn ich nicht diesen Spiegel blank geputzt habe. Die Große Mutter
gab ihn mir. Aber so viel ich ihn auch mit dem Tuch reibe, das ich für
das Kristallgeschirr benutze, er wird nicht blank."
„So versuche es mit dem Tuch, das ich dir mitgebracht habe", riet
Alecko.

Schon nach dem ersten Versuch glänzte der Spiegel wie die Sonne, und alle dunklen Flecken waren verschwunden. Da erhob sich ein starkes Rauschen und Brausen, und der Herrscher des Meeres stand vor ihnen. Anna fühlte sich frei von aller Furcht. Sie hielt ihm den Spiegel entgegen.

„Sage deiner Mutter, dass ihr Spiegel glänzt wie die Sonne. Jetzt müßt ihr mir die Heimkehr erlauben."

Da wich der Geist zurück. Mit dem Tuch schlug Alecko gegen die Wand. Da teilte sie sich, und er rief durch die Meeresfluten: „Delphin, lieber Bruder, komm rasch hierher, trag uns auf deinem Rücken durch das Meer!"

Sogleich schwamm der Delphin herbei und trug die Geschwister an die Oberfläche. Auf dem großen Stein saß die Möwe und führte die beiden in das heimatliche Tal. Wieder fragte Alecko: „Kennst du das Haus unserer Eltern?" Und auch Anna erwiderte: „Tag und Nacht stand es vor meinen Augen. Laßt uns zu Vater und Mutter eilen!"

Diesmal fiel es Alecko noch schwerer als beim erstenmal zu sagen: „Mein Weg ist noch nicht zu Ende. Eleni wartet, dass ich sie erlöse. Geh du allein! Umarme und küsse die Mutter. Grüße Sophia von mir, doch hüte dich, auch dem Vater einen Kuß zu geben! Wenn du es dennoch tust, hast du mich augenblicklich vergessen, und niemand im Haus wird sich meiner erinnern."

„Oh, mein lieber Bruder", rief Anna, „wie könnte das jemals geschehen! Tausend gute Wünsche auf deinen Weg!"

Damit lief sie hinab ins Tal und winkte ihm noch viele Male zurück. Die Freude und der Jubel über die heimgekehrte Tochter wollten kein Ende nehmen. Die Mutter weinte Tränen der Freude. Da trat der Vater hinzu und Anna vergaß die Warnung des Bruders und küßte ihn. Im selben Augenblick war die Erinnerung an Alecko ausgelöscht. Und als die Eltern fragten: wo sie so lange gewesen und wer sie heimgebracht hätte, antwortete sie ängstlich:

„Wir wollen nie darüber sprechen. Ich war lange in weiter Ferne. Ich bin durch das große Wasser gegangen, aber eine weiße Möwe flog vor mir her und zeigte mir den Weg."

Inzwischen war Alecko bei der Haselnussfrau angelangt. Sie lobte ihn, dann sprach sie: „Ach, du armes Kind! Dies wird dein schwerster Weg werden. Die Dornen werden deine Kleider zerreißen. Dazu musst du dich vor dem Steinschlag in den Bergen hüten. Noch ist die Große Mutter in ihrem Bergschloß und verwehrt jedem Menschen den Zutritt. Diesmal gebe ich dir meinen Falken mit. Er kennt die schmalen Felseneingänge und die schützenden Höhlen; er warnt dich vor jeder Gefahr."

Alecko folgte immer dem Falken, der ihn immer höher führte und ihn auf jede Gefahr aufmerksam machte. Nach vielen Stunden erreichten sie einen hohen Gipfel. Alecko sah den Falken hoch im Himmelsblau seine Kreise ziehen. Dorthin konnte er ihm nicht mehr folgen. Aber wo war das Schloß? Nur scharfe Felszacken krönten den Gipfel, in denen keine Höhle, keine Treppe zu erkennen war. Da zog Alecko wieder das Tuch hervor und schlug damit gegen den Felsen. Der Fels öffnete sich zu einem schmalen Spalt und zu einem Gang in eine Felsenkammer, in die durch eine Öffnung etwas Sonnenlicht fiel. Es beleuchtete ein junges Mädchen, das neben sich einen Korb mit Pilzen stehen hatte, die es zum Trocknen aufzog. Es sang aber nicht wie seine Schwestern. Tränen liefen aus seinen Augen. Es war totenstill, sodass Alecko unwillkürlich flüsterte: „Eleni, weine nicht mehr. Ich bin dein Bruder und bin gekommen, um dich zu erlösen."

Doch wie die älteren Schwestern erschrak auch die jüngste und glaubte erst dann seinen Worten, als er ihr den hölzernen Brotstempel vorwies.

„Ach, wir Armen", schluchzte sie. „Meine Herrin wird dich hier finden und uns beide töten. Sie ist am Ende des Sommers ermüdet und ungnädig. Kein Brot, das ich ihr backe, will ihr schmecken."

„Sorge dich nicht", tröstete sie der Bruder. „Mit dem Stempel des Klosterbruders wurde unser Brot daheim gesegnet. Versuche es auch hier."

Da öffnete die Schwester die Tür zur Backstube, in der der Brotteig darauf wartete, gebacken zu werden. Eleni drückte den Stempel auf den Teig und schob ihn in den Ofen. „Verstecke dich", flüsterte sie dem Bruder zu, „sobald das Brot gebacken ist, bringe ich es der Großen Mutter. Vielleicht ist sie heute gnädig gestimmt, wenn es ihr geschmeckt hat. Dann werde ich sie nach meiner Heimkehr fragen." Als eine Zeit vergangen war, kam die Schwester und nahm den Bruder bei der Hand.

„Ich habe die Wahrheit gestanden, denn die Lüge hat keinen Platz in den durchdringenden Strahlenaugen der Großen Mutter. Sie hat mir befohlen, dich zu ihr zu führen." Alecko folgte ihr in einen großen Saal und vor einen hohen Thron, auf dem die Große Mutter saß. Diese lächelte ihm überaus freundlich zu und sprach: „Du hast keine Anstrengung gescheut, deine Schwestern zu erlösen. Die Vögel unter dem Himmel und der Delphin im Meer haben dir geholfen. Vor allem wußtest du dir auch immer selbst zu helfen. Deiner Schwester hast du ein kostbares Andenken aus dem Elternhaus gebracht, das seinen Segen auch mir weitergab. Das Brot, das sie mit dem heiligen Zeichen versah, schenkte mir neue Leuchtkraft. So will ich euch den Abschied geben. Doch deine Kleider und Schuhe sind von der langen Wanderung zerfetzt und zerrissen. Mein Sohn, der Herr der Berge, soll euch durch die Lüfte tragen bis vor eures Vaters Haus."

Da fuhr der Berggeist mit ihnen in die Tiefe, und er setzte sie an derselben Stelle nieder, an der Alecko die älteren Schwestern verlassen hatte. Und wieder fragte Alecko:

„Kennst du das Haus unserer Eltern?"

Und Eleni erwiderte: „Tag und Nacht stand es vor meinen Augen. Laßt uns zu Vater und Mutter eilen!"

138

Der Bruder sprach traurig: „Nie im Leben bin ich so erschöpft und müde gewesen. Ich vermag keinen Schritt weiterzugehen. Lauf du voraus, umarme und küsse die Mutter, grüße Sophia und Anna von mir, doch hüte dich, auch dem Vater einen Kuß zu geben. Wenn du es dennoch tust, hast du mich augenblicklich vergessen und niemand im Haus wird sich meiner erinnern. Ich will mich hier an der Waldquelle waschen und im Schatten des Haselnussstrauches schlafen. Aber nach einer Stunde musst du mich holen und die Mutter bitten, dass sie dir frische Kleidung mitgibt, damit ich ihr ausgeruht und rein gekleidet unter die Augen treten kann."

Da umarmte ihn die Schwester und sprach: „Alles, was du mir gesagt hast, will ich behalten und ausrichten. Ach, mein lieber Bruder, wie könnte ich dich jemals vergessen!"

Sie winkte ihm zurück und lief dem Elternhaus zu. Doch seit der Heimkehr der zweiten Tochter wartete der Vater jeden Tag auf die Jüngste, die er am meisten liebte. So kam es, dass Eleni ihm geradewegs in die Arme lief. Sie umarmte und küßte ihn, und im selben Augenblick hatte sie ihren Bruder vergessen. Die Sonne war schon am Untergehen, als Alecko erwachte. Er erschrak, denn schon längst musste eine Stunde vorüber sein. Da kam ein armer, barfüßiger, kleiner Junge aus dem Wald, der sich ein Säckchen Haselnüsse gepflückt hatte. Rasch schnitt sich Alecko einen silbernen Knopf von seiner Jacke: „Höre, kleiner Bruder, dies ist für dich, wenn du mit meiner jüngsten Schwester Eleni dort unten auf dem Hof sprichst und ihr sagst, „dein Bruder wartet am Waldrand auf dich, tu, wie du ihm versprochen hast."

In kurzer Zeit kehrte der Junge allein zurück: „Eleni sagt, sie weiß von keinem Bruder, und sie geht zu keinem fremden Mann an den Waldrand."

Da wurde Alecko traurig. Er schnitt sich den zweiten Silberknopf von seiner Jacke: „Frage diesmal meine Schwester Anna, ob sie ihren Bruder heimholen will in das Haus seines Vaters."

Wieder kehrte der Junge allein zurück. „Anna sagt, sie weiß von keinem Bruder, und sie geht zu keinem fremden Mann an den Waldrand."

Da wurde Alecko noch viel trauriger. Er trennte den dritten silbernen Knopf von seiner Jacke und sprach: „Nun musst du noch die älteste Schwester fragen, ob sie ihren Bruder heimholen will."

Doch der Junge kehrte mit der gleichen Antwort zurück. Da wußte Alecko, dass keine der drei Schwestern ihm gehorcht hatte und dass er im Haus seiner Eltern vergessen war. Mit schmerzenden Füßen wanderte er die ganze Nacht, bis er bei der Haselnussfrau anlangte. Diese tröstete ihn, heilte die Wunden an seinen Füßen und reichte ihm einen Schlaftrunk. Am andern Morgen machte sie sich mit ihm auf den Weg zu seinem Elternhaus. Dort feierte man gerade ein großes Fest zu Ehren der heimgekehrten Töchter. Als sie sich dem Haus näherten, hieß ihn die Haselnussfrau unter dem Feigenbaum zu warten. Sie schritt allein auf Aleckos Vater zu. Nun war sie kein altes Kräuterweiblein mehr. Sie glich einer Fürstin. Um den Hals trug sie eine Kette aus silbernen Haselnüssen. Sie sprach zu dem Vater, der sie ehrerbietig willkommen hieß: „Die Geschichte von der glücklichen Heimkehr eurer Töchter habe auch ich erfahren. Und so bin ich gekommen, um am Feste teilzunehmen und habe euch Geschenke mitgebracht. Aber es verwundert mich sehr, dass ihr ohne die Hauptperson feiert." Alle sahen sich verwundert an. Die Haselnussfrau fuhr fort: „Wer hat denn eure Töchter erlöst? Wer hat sie aus Nacht und Dunkel, über das Meer und vom Felsengipfel herab zu euch gebracht?"

Dabei legte sie Aleckos Reisetasche mitten auf den Tisch.

Die Eltern erkannten sie und riefen: „Ach, wo ist unser Sohn Alecko?" Die Haselnussfrau hieß sie schweigen und sprach: „Wartet, bis sich auch seine Schwestern an ihn erinnern." Damit zog sie den Silberbecher aus der Tasche. „Mein Becher!" rief Sophia. „Ach, mein Bruder brachte ihn mir in die Welt des Todes und half mir damit, meine

Verzauberung zu lösen. Wie konnte ich ihn vergessen! Wo mag er jetzt sein?

Schweigend breitete die Haselnussfrau das Tuch vor Anna aus. „Mein Tuch!" rief sie. „Mein Bruder brachte es mir in das Schloß von Kristall, in dem kein Leben ist, und half mir damit, meine Verzauberung zu lösen. Mein lieber Bruder, wie konnte ich ihn vergessen. Wer bringt ihn uns wieder?"

Da legte die Haselnussfrau den kleinen hölzernen Brotstempel vor Eleni auf den Tisch.

„Mein Stempel!" rief sie. „Bis vor den Thron der Großen Mutter brachte ihn mein Bruder, und ich erlangte dadurch meine Befreiung. Mein lieber Bruder, wie konnte ich ihn vergessen. Ach, wer kann ihn wieder zu uns zurückbringen?"

Streng sprach die Haselnussfrau: „Groß waren Mühen und Opfer eures jungen Bruders. Klein dagegen war seine Bitte an euch. Hättet ihr ihm gehorcht, wäre ihm viel Leid erspart geblieben. Da ihr aber aus Liebe gefehlt habt, sei euch verziehen. Euer Bruder ist treu und hilfreich. Ich führe ihn zu euch, und die Dämonen haben keine Macht mehr über dieses Haus."

Sie öffnete die Tür. Größer und schöner als damals, als er die Eltern verlassen hatte, trat Alecko in den Saal. Da war alles Schwere und Dunkle vergessen, und sie freuten sich und liebten einander, solange sie lebten.

Dämonen entführen die drei Schwestern, als sie mitten in Freude und Tanz ausgelassen feiern. Die Anfangssituation scheint von einer gewissen Einseitigkeit bestimmt. Lust, Stolz und strahlende Ausgelassenheit stehen im Mittelpunkt des fühlenden Erlebens. Nach dem Verlust der Töchter kippt die emotionale Situation ins Gegenteil:

Trauer, Verzweiflung, Depression. Hier zeigt sich eine psychologische Gesetzmäßigkeit: bestimmt eine Gefühlsqualität einseitig das Bewusstsein, konstelliert sich ebenso eindimensional die Gegenposition. Über Verdrängen und Schweigen soll der Verlust der Schwestern, der gleichzeitig die Unfähigkeit, mit hellen und dunklen Gefühlen angemessen umzugehen, widerspiegelt, bewältigt werden. Ein Trauma lässt sich jedoch auf diese Weise nicht verarbeiten, sondern bestimmt in seiner unverarbeiteten Problematik die weitere Lebensgestaltung.

Mit der Geburt des kleinen Sohnes wird ein Hoffnungsaspekt sichtbar. Neues Leben auf der Basis von Verlust weckt Zuversicht. Aber diese ist eng verbunden mit der Verdrängung des belastenden Geschehens. Das Verschwinden der Töchter bleibt Geheimnis in der irrigen Hoffnung, dadurch das Leben des Sohnes zu sichern. Aber Familiengeheimnisse müssen offenbart werden, damit sich verdrängte Konflikte lösen und sich so lebendiges Leben wieder einstellen kann.

Aufgedeckt wird die Geschichte durch einen alten Fischer, der keine Fische mehr fängt, stattdessen aber seinem Enkel aus der Tiefe der Vergangenheit die als Geheimnis gehütete Geschichte erzählt. So erfährt Alecko, während er an einem Hirtenstab schnitzt, die Geschichte vom Verlust seiner schönen, fröhlichen Schwestern.

Die Mutter ist diejenige, die Alecko schließlich mit Erinnerungsstücken der Schwestern ausstattet. Ein silberner Becher, aus dem die älteste Schwester täglich getrunken hat, ist ein Geschenk der Patin. Er symbolisiert damit sowohl einen materiellen, als auch einen geistigen Wert, denn Patenschaft versinnbildlicht den Bezug zum Transzendenten im Sinne eines höheren Schutzes, einer über menschliche Kräfte herausgehende Geborgenheit. Das zweite Objekt ist ein Tuch, das die mittlere Tochter im Augenblick des Raubes verloren hat und in das die Mutter viele Tränen geweint hat. Es ist Unterpfand der Treue aber auch einer Trauer, die die Mutter trotz äußerer Geheimhaltung im Bewusstsein behalten hat. Das Dritte ist ein Brotstempel, mit dem das tägliche Brot gesegnet wurde. Man könnte versucht sein, hier über das konkrete Brot hinaus an eine geistige tägliche Nahrung zu denken, die gesundet und gesund erhält. Mit diesen drei Gaben ausgestattet macht sich Alecko auf die Suche nach seinen Schwestern.

Es ist zu vermuten, dass der Junge mit dem Erwachen seiner männlichen Identität, die durch den Hirtenstab symbolisiert ist, die unterschwellige Depression im Elternhaus durch sein Wissenwollen in bewusste Trauer umgemünzt hat. Das ist der erste Schritt, um sich mit einer Depression auseinanderzusetzen. Ich muss sie in ihrer Autonomie lähmenden Qualität erkennen und in eine tatkräftige Haltung überwechseln, auch wenn eine Lösung zunächst in weiter Ferne zu liegen scheint.

Nach langem Suchen trifft Alecko auf die Haselnussfrau, der er sich zunächst unterstützend anbietet, auch wenn ihm die Hilfestellung unendlich schwer erscheint.

Die Haselnussfrau verkörpert symbolisch Weisheit, Inspiration, magische und chthonische Kräfte. Der Stab des griechischen Gottes Hermes, Wegbegleiter im Leben und Tod, ist aus dem Haselnussbusch geschnitten. So enthält die wiederholte Begegnung mit dieser weisen Frau auch einen stützenden, Sicherheit gebenden Aspekt in Lebens- und Todesgefahr.

Die Auseinandersetzung mit dem Archetyp der Großen Mutter ist ein schweres Stück Arbeit. Wenn ich mich diesen Wirkkräften jedoch anvertraue, eröffnen sich Wege der Erkenntnis. Die Haselnussfrau vertritt den positiven Aspekt des Mütterlichen in Fürsorge und Unterstützung. Sie weiß aber auch um den Gegenpol, die „uralte" Große Mutter, die machtvoll und streng über ihre Söhne herrscht. In der Dreiheit ihrer Söhne symbolisiert jene den Sommer im Felsenschloss, den Herbst im Wasserschloss und den Winter in der Unterwelt. Sie ist Herrscherin, braucht aber für die Arbeit Dienerinnen und als solche sind die drei Schwestern eingesetzt. Um sie zu erlösen, muss Alecko zuerst in die Unterwelt, in der Dunkel und Tod regieren. Dort ist die älteste Schwester, die auf Erlösung wartet. Der Rabe, als Aspekt des Wissens und der Erkenntnis, weist den Weg bis zum Eingang der Unterwelt. Weiter kann er nicht geleiten, jetzt muss der Junge das Wagnis, sich mit Kälte und Tod auseinanderzusetzen, allein angehen.

Jede der Schwestern steht vor einer Aufgabe, die sie allein nicht bewältigen kann. Sophia, die Älteste, muss eine Amphore mit Wasser füllen, obwohl ihr kein Becher zur Verfügung steht. Der ihrige verschwindet immer, kaum, dass sie getrunken hat und mit den Händen allein ist die Amphore nicht zu füllen. Das Wasser stammt aus dem Fluss Lethe, dem Fluss des Vergessens und das Vergessen spielt offensichtlich als Rätsel und Gefahr in dieser Familie eine große Rolle. Das Schicksal der Schwestern wurde von der Familie vergessen, besser verdrängt und wurde erst durch den Fischer wieder ins Bewusstsein gehoben. Und auch später ist das Vergessen ein Konflikt, der aus falsch verstandener Liebe entsteht.

Warum spielt das Vergessen eine so wichtige Rolle? Vergessen ist Gnade und Gefahr. Wenn wir alles im Gedächtnis behalten würden, was das Leben uns zumutet, würde die Zuversicht, sich dem Risiko des Lebens täglich neu auszusetzen schwinden. Vergessen negativer und belastender Erlebnisse ist somit Geschenk und Garant für eine positive Lebensgestaltung. Es gibt jedoch gleichermaßen die Gefahr des Vergessens und damit die naive Wiederholung belastenden Geschehens, weil aus einer schwierigen Situation nicht gelernt wurde. Und schließlich gibt es das Vergessen als Versuch, über die Verdrängung etwas scheinbar ungeschehen zu machen, um dadurch traumatische Erlebnisse zu bewältigen. Damit jene jedoch die Lebensenergie in der nächsten Generation nicht zerstören, müssen sie ins Bewusstsein gehoben werden.

Es ist offenbar ein Phänomen, dass die betroffene Generation angesichts einer traumatischen Erfahrung im Schweigen Vergessen sucht. Erst die nächste und noch häufiger die übernächste Generation kann die Belastung aufarbeiten. Das ist traurige Erfahrung angesichts der Gräuel im Dritten Reich.

Im Märchen gelingt der Bewältigungsprozess, der gleichzeitig Erlösung einleitet, früher – vielleicht, weil die Mutter in ihrer bewussten Trauer dem Bedürfnis zu verdrängen weitgehend Stand gehalten hat.

Mithilfe des Silberbechers, genutzt in liebevoller geschwisterlicher Solidarität, wird die Aufgabe der ältesten Schwester gelöst. Der Becher knüpft in seinem Symbolgehalt an die Zeit des Kindseins an. Es ist die Entwicklungsphase, in der die orale Bedürftigkeit und die Notwendigkeit der angemessenen Befriedigung im Vordergrund stehen. Vielleicht blieb die Schwester zu sehr in dieser passiven Haltung verhaftet, in der die Befriedigung der Bedürfnisse seitens des Umfeldes dominant war. Möglicherweise hat sie autonomes Handeln, die freie Entscheidung des unabhängigen Ichs zu wenig gepflegt und ist in einer Abhängigkeit hängen geblieben, die nicht mehr altersadäquat ist.

Ein Becher stand zur Verfügung um den Durst zu löschen. Nach der Befriedigung des Bedürfnisses verschwand er. Man könnte fantasieren, dass das Mädchen statt zu trinken den Becher zum Füllen der Amphore genutzt hätte. Könnte die Entwicklungsaufgabe, die dem Mädchen in der Unterwelt zugemutet wird auch so zu deuten sein, dass es als Schritt in das Erwachsensein lernen sollte, aktiv zu geben, statt passiv zu nehmen? Mithilfe des Bruders gelingt dieser Schritt, sodass der Herr der Unterwelt als Sohn der Großen Mutter, der das Mädchen spinnend und webend diente, keine Macht mehr hat. Der Rabe kann jetzt wieder als Führer den Weg zurück zum Elternhaus weisen. Alecko warnt die Schwester jedoch davor, den Vater zu küssen, und damit den Reifeprozess, den sie mithilfe des Bruders glücklich vollenden konnte, missachtet. Indem sie jedoch den Hinweis des Bruders vergisst, taucht sie erneut in die komplexhafte Familiendynamik ein, die vom Vergessen, als Metapher für die Verleugnung der Realität, geprägt ist. Vielleicht mag da ein ödipales Thema anklingen, das seine Parallele in dem Herrn der Unterwelt findet. Der Verführung, dem Wunsch nach lustvoller, jedoch letztlich kindlicher Verbundenheit Stand zu halten, zu verzichten zugunsten eines höheren Wertes, nämlich der Dankbarkeit, dazu gehört ein hohes Maß an Bewusstheit, was keine der Schwestern hat.

Die zweite Aufgabe, die Alecko auf dem Weg auch zu seiner Reife beschreiten muss, führt ihn in den wässrigen Raum. Es ist nicht mehr die Unterwelt, der Raum der Tiefe, des Unbewussten in seiner umfassendsten Form, sondern das Reich des Weiblichen in seiner spendenden, aber auch verschlingenden, lebensgefährdenden Dimension. Die gute und versorgende Haselnussfrau unterstützt den jungen Mann mit einer Möwe, die ihn zum Wasser geleitet und dem Delphin als getreuem Begleiter und Führer zum Kristallpalast. Dann ist Alecko wieder auf sich gestellt. Im Grunde leistet die Haselnussfrau immer Hilfe zur Selbsthilfe, getreu dem Rat von Maria Montessori: „hilf mir, damit ich mir selbst helfen kann." Dadurch werden kreative und autonome Impulse geweckt, die Erlösung erlauben.

Ein achteckiger Kristallpalast scheint den Zugang ins Innere zu verwehren. Nehmen wir die Zahlsymbolik zur Hilfe, dann steckt in der Acht als zweimal vier das weibliche Prinzip in der doppelten Unterstreichung. Aber es ist ein kühler Moment, der dem Helden begegnet. Man könnte im übertragenen Sinn von einer klaren, kühlen aber wenig bezogenen Mütterlichkeit sprechen, die hindert, zum inneren Kern der Gefühle und damit einer warmherzigen Bezogenheit zu kommen. Hilfe, diese Undurchdringlichkeit zu überwinden, ist das Tuch, in das viele Tränen geweint wurden. Kälte und abweisendes Äußeres sind nur mit intensiver Emotion, im Anerkennen von Trauer, zu bewältigen. Und im Innern begegnet Alecko nochmals dieser Trauer, dem traurigen, dunklen Gesang der Schwester Anna, die vergeblich versucht, Teller und Becher aus Kristall zum Glänzen zu bringen.

Wie bewältigt man Depression, wie das Gefühl des Allein- und Verlassenseins? Im Zustand der Depression ist es erfolglos, mit aller Anstrengung die Leuchtkraft in den Alltag, für den Teller und Becher stehen mögen, zu bringen. Genauso müßig ist es, ohne äußere Unterstützung Erkenntnis hinsichtlich der Ursächlichkeit, die im weiteren Sinn hinter dem Bemühen stehen mag, zu gewinnen. Eine Bewältigung, die immer mit Klärung zu tun hat, ist umso schwieriger, wenn die Bindung an die Primärfamilie so groß ist, dass Eigenständigkeit und Einsamkeit mit dem Erleben von Verlassensein verknüpft wird. Etymologisch leitet sich jedoch „einsam" von althochdeutsch „einsama" ab, was so viel bedeutet wie „Einheit." Damit wird auf die Notwendigkeit hingewiesen, mit sich in Einklang zu kommen, sich selbst, auf die eigenen Kräfte zu konzentrieren. Nur dann ist es möglich, eine schwierige Lebenssituation zu bewältigen.

Die Aufgabe der Großen Mutter bestand darin, einen Spiegel blank zu putzen. Solange ein Mensch im Kindsein verhaftet ist, wird ihm der Spiegel keine reife, erwachsene Persönlichkeit zurück werfen. Auf der anderen Seite spiegelt die Gegenwart auch immer ein Gewordensein wider: Zentrale Voraussetzung für einen Säugling, um sein Leben positiv gestalten zu lernen, ist, „sich im Glanz des Auges der Mutter spiegeln zu können."[15]

Die Schwester braucht den bezogenen Begleiter, den Bruder, um ein mögliches Defizit in ihrer Position als zweite Tochter aufzulösen. Mit dem Trauertuch gelingt dieser Schritt, die dunklen Flecken einer persönlichen Geschichte verschwinden, es gelingt, Licht ins Dunkel eines Lebens zu bringen. Der Herr der Meere hat keine Macht mehr, er weicht zurück und die Geschwister werden von dem See-lenführer Delphin und der Möwe gut zurückbegleitet.

Und erneut ist die Warnung des Bruders vergeblich. Auch die zweite Schwester sinkt zurück in abhängige Kindlichkeit. Die Erlösung als Auflösung problematischer Prägungen, den dunklen Flecken ihrer Lebensgeschichte, hat auch im Erleben der zweiten Tochter keine entwicklungsfördernde Wirkung. Wie bedenklich das Vergessen als Verdrängen ist, zeigt, dass sie selbst furchtsam äußert: „Wir wollen nie darüber sprechen." Der Preis der Verdrängung ist Angst. Ein hoher Preis!

Alecko steht nun vor der schwierigsten Aufgabe, denn jetzt muss er sich persönlich mit der Großen Mutter in ihrem Felsenschloss auseinandersetzen. Der Weg ist beschwerlich und gefährlich. Die Haselnussfrau erleichtert ihm zwar den Weg über den Falken, der ihn bei Gefahr warnen wird, aber die Aufgabe selbst muss er wieder allein lösen. Auf einem hohen Gipfel, nach großen Anstrengungen, hilft ihm wieder das tränenreiche Tuch, um den Eingang in dem Felsgewirr zu finden.

Jetzt geht es symbolisch um den Durchbruch von verhärteten Strukturen. Vielleicht kann man in diesem Zusammenhang Erfahrungen in der frühen Kindheit parallel setzen, in denen es um die Einhaltung von Normen und Prinzipien ging. Es sind Eltern, die immer ganz genau wissen, was für ihr Kind gut ist, die unverrückbar ihr Wollen und Tun in den Mittelpunkt stellen und Kindern keine Chance geben, ihre eigenen Überzeugungen zu entwickeln und zu leben. Auch eine solche Kindheit muss betrauert werden, damit man einen Zugang zum Kern, zur Ursache bekommt und sich etwas lösen und wandeln kann.

Mithilfe des gesegneten Brotes, das den Stempel religiöser Bezogenheit trägt, gelingt der äußere und innere Zugang, jedoch zwingt er zur Konfrontation mit der Großen Mutter. Die jüngste Schwester ist so weit, dass sie erkennt, dass eine Lüge, die das Wissen um die Wahrheit verleugnet, vor der Klarheit der Erkenntnis nicht bestehen kann. So wandelt sich die Angst vor der Konfrontation mit der Übermacht der Großen Mutter in Gelassenheit.

Entscheidend für die positive Entwicklung ist die Anerkennung ihrer umfassenden Macht. Sie wertschätzt seine Bereitschaft, die Hilfe der Tiere anzunehmen, aber mehr noch den Mut, sich selbst helfen zu können. Sie würdigt damit seine Bereitschaft, sowohl zu nehmen als auch zu geben, die Fähigkeit, ein Gleichgewicht zwischen passiven und aktiven Strebungen herstellen zu können. Auf diese Weise hat Alecko ein Stück Reife bewiesen, sodass der Herr der Berge, der Sohn der Großen Mutter, zum Diener der Geschwister wird und sie wieder nach Hause bringt. Aber auch die jüngste Schwester, die den Mut zur Wahrheit hatte, verfällt als Lieblingstochter des Vaters dem Sog kindlicher Abhängigkeit. Sie vergisst den Bruder und sieht in ihm einen fremden Mann, zu dem sie keine Nähe herstellen kann. Sie bleibt in der Enge des Elternhauses und wagt sich nicht an den Waldrand, in eine von ihr so erlebten Gefahr der Begegnung mit dem Männlichen.

Es sieht so aus, als ob die Entwicklungsimpulse zur Autonomie bei allen drei Mädchen vergeblich gewesen sind. Erst die Haselnussfrau, die zur Fürstin wird und Wert und Würde des erlösenden Bruders nachweist, führt in das bewusste Erinnern und löst die Verdrängung der Gesamtthematik auf. Die Älteste weiß plötzlich, dass sie in der Welt des Todes gewesen ist. Damit erinnert sie, dass der Aufenthalt dort ihr vermitteln sollte, dass es dem Tod gleichkommt, in Passivität zu verharren. Die Mittlere weiß wieder um ihren Aufenthalt im Kristallschloss. Damit treten die dunklen Stellen ihrer persönlichen Lebensgeschichte wieder ins Bewusstsein, aber auch die Chance, sich über eine Verarbeitung belastender Erfahrungen in einem klaren Spiegel sehen zu können. Die Jüngste schließlich begreift, dass sie nur mithilfe des gesegneten Stempels, den ihr Bruder ihr in Überwindung großer Gefahren brachte, die Macht der Wahrheit als lebensspendende Basis für ein reifes und unabhängiges Leben erkennen konnte.

Jetzt vermag die Familie als Ganzes aus der Verdrängung, die Einseitigkeit und Abhängigkeit aufrecht erhalten sollte, aufzutauchen. Jetzt ist Bewusstsein erreicht. Parallel dazu ist aber auch der Entwicklungsprozess Aleckos abgeschlossen. Er war aufgrund von Fixierungen und depressiv gefärbter angstvoller Verdrängung an die unbewältigte Vergangenheit gebunden und konnte nicht zu sich selbst kommen. „Größer und schöner als damals, als er die Eltern verlassen hat", tritt er ins Haus. Jetzt ist Liebe und Freude möglich. Ein Entwicklungsweg wurde vom Sohn initiiert und konnte von der ganzen Familie unter Schwierigkeiten begangen werden. Nach einem dornigen Weg blühen in Liebe und Freude wieder Rosen.

Sinn des Lebens heißt Reife und mutiges Bekenntnis zu sich selbst

Mit fortschreitendem Alter tritt die Frage nach der Bedeutung des eigenen Lebens, des individuellen Tuns und Seins mehr und mehr in den Vordergrund. Deutlicher tritt die Erkenntnis der Unwiederbringlichkeit der Vergangenheit ins Bewusstsein. Älterwerden erscheint als ein sich immer schneller vollziehender Abstieg ohne Rückkehr. Die Frage, was zählt und was wesentlich war und ist, rückt immer stärker ins Bewusstsein.

Gab es im Rückblick Lebenssituationen, die es wert waren, gelebt zu sein? Gab es Momente, die man am liebsten aus der Erinnerung löschen würde? War im rechten Augenblick immer Entschluss und Tatkraft vorhanden, zu handeln, auch gegen den Strom zu schwimmen? Ist es gelungen, ein Stück Autonomie zu entwickeln, sich selbst treu zu sein und zu bleiben, selbst wenn andere anders dachten und handelten? Einer der schwierigsten Aufgaben, die das Leben in seinen häufig komplizierten Fragestellungen an uns richtet, ist der Mut zum „Ja" und „Nein" am richtigen Ort.

Eine Zwölfjährige klagte einmal in der Therapiestunde: „Jetzt habe ich über lange Zeit meinen Eltern und anderen gegenüber gelernt, immer freundlich, immer hilfsbereit zu sein, ‚ja' zu sagen, auch wenn ich ‚nein' fühlte. Das war richtig harte Arbeit und jetzt kriege ich mit der Therapie den Auftrag, alles umzuändern und zu lernen, ‚nein' zu sagen, wenn ich es so empfinde. Zweimal schwere Arbeit, das ist schon gemein. Aber", so setzte sie nach einer Weile aufseufzend hinzu, „ich kann jetzt besser schlafen!"

Das „Ja" am falschen Ort hält schlaflos, denn die untergründig widerspenstigen Gefühle müssen so lange wie möglich durch das Bewusstsein kontrolliert werden. Da ist es unmöglich, sich fallen zu lassen und sich dem Schlaf als Boten des Unbewussten angstfrei zu überlassen.

Wie schwierig es ist, am richtigen Ort „ja" oder „nein" zu sagen, wird in folgendem Märchen offenbart. Auf Anhieb scheint ein Mädchen sich nicht zu seinem Tun bekennen zu wollen. Darf das als Ausdruck von Eigenständigkeit verstanden werden? Aber wie sieht es dann mit der Ehrlichkeit aus, die ja als hohes ethisch-moralisches Ziel der Erziehung gilt?

Märchen: Bekennst du?

Es war einmal ein Schmied, der war ein so großer Trinker, dass er das Saufen nicht mehr lassen konnte. Schließlich vertrank er sein ganzes Gehöft, seine Schmiede und sein Handwerkszeug. Er hatte auch eine Frau gehabt, aber als diese bemerkte, dass alles dahinging, hatte sie einen Teil ihrer Habe an sich genommen und sich ein kleines Häuschen in der Nähe der Stadt gekauft.

Als nun der Schmied bis auf sechs Kupferstücke alles vertrunken hatte, ging er zum Seiler und kaufte sich einen Strick, um sich daran aufzuhängen. Der Seiler gab ihm ein gutes Stück und sagte: „Hier hast du einen, der hält!" Der Schmied ging in den Wald und sah sich nach einem passenden Baum um. Da fuhr ein altes Weib mit einem schwarzen Pferd an ihm vorbei und rief: „Mann, Mann, was hast du vor?" – „Ich will mich aufhängen", antwortete der Schmied. „Warum denn?" – „Das Geld ist alle. Das alte ist vertrunken, und neues ist nicht zu erwarten." Da sagte die Hexe: „Aber deshalb häng dich doch nicht auf, versprich mir das, was deine Frau jetzt zur Welt bringt, so kann ich dir helfen." Der Schmied überlegte erst, aber dann versprach er es unter der Bedingung, dass er es fünfzehn Jahre behalten dürfe. „So lange magst du es behalten", sagte die Hexe. Darauf gab sie ihm einen Beutel und sprach: „Hier hast du Geld, damit du dir helfen kannst."

Der Schmied ging zu seiner Frau, bat um Teller und schüttete mehrere voll Geld. Dann kaufte er seine Schmiede und sein Handwerkszeug zurück, fing von neuem an zu arbeiten und lebte von da ab wie andere Menschen auch. Die Frau hätte gern gewußt, woher ihr Mann das Geld hatte, aber er wollte es nicht sagen. Mit der Zeit musste er es aber doch sagen, dass er das Kind versprochen hatte.

Die Frau bekam ein Kind, und es war ein Mädchen. Als es vier Wochen alt war, fing es in der Wiege an zu sprechen: „Ich muss aufstehn und arbeiten, denn ich habe Eile." Es stand auf und machte Spitzen und andere Arbeiten, wie sie nie zuvor in der Welt gemacht worden waren. Daher wurde das Mädchen von mancher Herrschaft zum Nähen genommen.

Eines Tages, als es bei einer Gräfin nähte, sagte es plötzlich: „Jetzt muss ich nach Hause gehen." Daheim aber sagte es zu seiner Mutter: „Bringt alles in Ordnung, jetzt werde ich geholt." Die Mutter erschrak und erzählte dem Vater, was ihre Tochter gesagt hatte. Der Vater rechnete nach, und es waren gerade die fünfzehn Jahre herum. Da brachten sie die Kleider ihrer Tochter in Ordnung. Die Hexe kam und sprach: „War es nicht so verabredet?" – „Das war es", antwortete der Schmied. Das Mädchen wurde fertiggemacht, um mit der Alten zu gehen. Die Hexe hatte wieder schwarze Pferde vor dem Wagen wie damals, und das Mädchen setzte sich neben sie. Da nahm sie das Mädchen auf ihren Schoß und fragte: „Hast du jemals weicher gesessen?" – „Was ist weicher als der Schoß der eigenen Mutter?" antwor-

154

tete das Mädchen. Da gab die Hexe dem Mädchen aus einer Flasche zu kosten und fragte: „Hast du je etwas Süßeres gekostet?" – „Was ist süßer als die Milch der eignen Mutter?" antwortete das Mädchen. Neben dem Weg aber stand eine Ahlkirsche, und die Hexe fragte: „Weißt du, warum sie vertrocknet ist?" – „Ich weiß es", antwortete das Mädchen, „in dieser Truhe ist ein Rock, den ich aus ihren Blättern genäht habe." Dann fuhren sie in einen tiefen Wald, und dort stand ein großes Haus. Dahinein brachte die Hexe das Mädchen und befahl ihm, dort zu bleiben. Sie gab ihm viele Schlüssel, von denen jeder zu einem besonderen Zimmer gehörte, und sie durfte in alle Zimmer gehen, nur im Flur war ein Zimmer, das sie nicht betreten durfte. Sie fand ein Zimmer mit allerlei Speisen und ein anderes, wo sie schlafen konnte. Als sie eine Zeitlang dort war, kam die Hexe, um nach ihr zu sehen. Da war noch nichts vorgefallen. Sie ging wieder fort und ließ das Mädchen zurück.

Als nun die Schmiedstochter einmal in den Flur kam, dachte sie: „Was mag wohl in der Kammer sein?" – und sie öffnete die Tür. Da hob von der Rückwand ein Toter den Kopf nach ihr, als sie die Tür öffnete, denn von der Tür bis zu dem Toten ging ein Kupferdraht. Sie schlug die Tür zu, und der Tote rief ihr nach: „Bekenne es nur nicht!"

Die Hexe kam nach Hause und sagte: „Du hast die Tür zur Flurkammer geöffnet." – „Nein, das habe ich nicht getan", antwortete das Mädchen. Die Hexe sagte: „Da hilft nichts, du musst deine Strafe haben. Willst du taub, stumm oder blind sein?" Das Mädchen dachte: „Wenn ich taub bin, so hör ich nicht, was die Menschen sagen, und höre die Vögel nicht singen, und wenn ich blind bin, sehe ich Gottes schöne Welt nicht." Sie antwortete, dass sie am liebsten stumm sein wolle.

Es verstrich einige Zeit, da wurde die Hexe böse und sprach: „Das ist noch nicht genug!", und sie führte sie auf einen hohen Berg, und unter dem Berg war das Meer. Da zog ihr die Hexe alle Kleider aus und stieß sie von dem Felsen ins Meer. Aber da war sandiger Grund, und sie ging zu Fuß an das andere Ufer. Weil sie aber nackt war, wagte sie sich nicht in die Nähe der Menschen, sondern versteckte sich in einer großen hohlen Eiche.

Dort im Wald waren die Söhne des Königs auf der Vogeljagd. Und die Hunde, welche überall herumschnüffeln, fanden sie in dem Baum. Da ging der junge König hin und fragte: „Ist dort ein Mensch oder ein Spuk?", und er befahl ihr herauszukommen. Das wollte sie nicht, weil sie nackend war. Aber der König drohte, sie zu erschießen, und da musste sie kommen.

Sie war ein unsagbar schönes Menschenkind, und der junge König nahm sie zur Frau, obgleich sie nicht sprechen konnte. Nun, und dann bekam sie ein Kind. Die Hexe erschien und fragte sie: „Bekennst du?" Da antwortete sie: „Nein!" Der Hexe konnte sie antworten, und wenn sie sonstwer gefragt hätte: „Bekennst du?", darauf hätte er Antwort bekommen. Die Hexe nahm ihr das Kind weg und legte einige Knochen neben sie, damit sie glaubten, sie habe ihr Kind aufgegessen. „Aus dem Wald ist sie gekommen", sagten sie, „und sie wird wohl auch ein wildes Tier sein." Aber der junge König verteidigte sie, obgleich es ihn sehr betrübte, dass auf diese Weise sein Kind verloren war, denn seine Gattin war ungewöhnlich schön und ganz unvergleichlich in allem.

Nun bekam die Königin zum zweitenmal ein Kind. Die Hexe erschien wieder und fragte: „Bekennst du, dass du damals die Kammertür geöffnet hast?" Da antwortete sie bloß: „Nein!" Da nahm ihr die Hexe wieder das Kind weg und legte Knochen neben sie. Die Königin sollte zum Scheiterhaufen verurteilt werden, aber nicht einmal jetzt wollte es der junge König zulassen. Er hatte die Hexe gesehen und sagte: „Wie kannst du nur so einer Hexe antworten, und auf meine Fragen antwortest du nicht?" Das drittemal ging es ebenso. Beim drittemal verurteilten sie die Königin zum Scheiterhaufen. Der Holzstoß war *geschichtet, und viel Volks hatte sich versammelt. Der König führte sie selbst dorthin, denn er liebte sie sehr und hätte sie noch nicht hergegeben, aber das Gesetz verlangte es. Es waren aber dort drei Zauntüren, und jede Zauntür begann zu fragen: „Bekennst du?" Die Königin antwortete: „Nein!" Der König verwunderte sich: „Warum antwortest du den Zauntüren und mir nicht?" Dann führten sie die Königin auf den Scheiterhaufen, das Feuer war angezündet, und die Flammen züngelten schon nach ihren Kleidern, als die Hexe erschien und rief: „Bekennst du?" – „Nein!" – Da blies die Hexe das Feuer aus und sprach: „Du bist stark geblieben, hier sind deine Kinder." Es waren zwei sehr schöne Knaben und ein Mädchen. Dann konnte sie wieder sprechen. Freudig brachte jetzt der König sein Gemahl nach Hause, und einige Zeit darauf bat sie ihn um die Erlaubnis, ihre Eltern besuchen zu dürfen. – Aber die Hexe ließ sie von nun an in Frieden, weil sie ihre Probe bestanden und nicht bekannt hatte.*

Wenden wir uns dem Anfang zu, hören wir von einem Schmied, der in der Sucht gefangen ist. Es geht also um das Bild eines schwachen Männlichen, das als Lösung aus seiner verfahrenen Situation nur den Suizid sieht. Seine Frau hat ihn bereits verlassen. So könnten wir psychologisch von einer Depression mit Ängsten angesichts von Trennung und Verlust sprechen. Als er seinen Entschluss verwirklichen will, taucht eine Hexe auf einem schwarzen Pferd auf. In ihr dürfen wir eine Erscheinung des magisch-mächtigen Mutterarchetyps vermuten. Jener ist immer bipolar mit positiven wie negativen Wirkkräften ausgestattet. Einerseits ist die Hexe in der Lage, den Schmied von seinem selbstzerstörerischen Entschluss abzubringen. Sie vermittelt ihm offensichtlich in ihrer Erscheinung so viel Hoffnung verbunden mit materieller Unterstützung, dass sich in seinem Leben eine positive Veränderung vollzieht. Allerdings verlangt sie eine Gegenleistung, auf die der Schmied ohne lange zu überlegen eingeht. Er macht lediglich die Einschränkung, das Gewünschte fünfzehn Jahre behalten zu dürfen.

Der Schmied als Repräsentant des Männlichen bleibt letztlich schwach und unbezogen. Er geht mit seiner schwangeren Frau, die offensichtlich ähnlich unreif ist, keine echte Verbindung ein. Die Entwicklung zu mehr Ichintegrität muss offensichtlich von dem Mädchen, das die Frau erwartet, angestoßen werden. Als Hinweis auf die besondere Aufgabe, die ihr das Leben und die infantilen Eltern unbewusst stellen, fängt es bereits nach vier Wochen an, sich auf dieses Leben vorzubereiten.

Es ist eine unbewusste Delegation der Eltern an die Tochter, die jene ahnend aufnimmt. Viele Kinder müssen stellvertretend für die Eltern unbewusste Konflikte übernehmen, sie unter Schmerzen bewältigen, weil jene keine ausreichenden psychischen Kräfte haben, um sich der Problematik ihres eigenen Lebens zu stellen.

Das Mädchen hat keinen individuellen Namen, vielleicht wird gerade dadurch der archetypische Akzent betont, die allgemeine Verbindlichkeit eines Schicksals, das als Aufgabe zu übernehmen, was eigentlich dem Schmied, das heißt der Vatergeneration zugedacht war. So „weiß" das Mädchen, dass es Zeit ist, wohingegen jener mühsam nachrechnet. Er fügt sich dann aber, ebenso wie die Mutter, ohne Widerstand in ein Schicksal, das sie letztlich entlastet. „Es war so verabredet."

Die Kutsche, die das Mädchen abholt, wird von schwarzen Pferden gezogen. Die Farbe scheint eine wichtige Bedeutung zu haben, denn es wird betont „wie damals." Farb-symbolisch könnte damit auf einen Aspekt hingewiesen werden, den Lüscher betont: „Schwarz war immer wieder die Farbe der anarchistischen Opposition oder der for-cierten, zwingenden Machtansprüche. Das Unbedingte, Endgültige als zwingender Machtanspruch ist der gemein-same Nenner für Schwarz."[16]

Schwarz spielt fast immer dann eine zentrale Rolle, wenn es um extreme Fühl- und Verhaltensweisen geht. Das kann bis zum Fanatismus gehen. Ob es die Gruppierung der Rocker oder der Faschisten, oder auch der SS im Dritten Reich ist, immer spielt einseitige Machtdemonstration bis Gewaltausübung und Entrechtung Andersdenkender eine Rolle.

Macht steht zweifellos hinter der dreifachen Probe, die das Mädchen gleich zu Anfang zu bestehen hat:

Die ersten zwei Fragen überprüfen die frühe Erfahrung des Mädchens hinsichtlich von Halt und Geborgenheit. Dabei ist ein Doppeltes zu vermuten: Einerseits scheint die Hexe sie verführen zu wollen, ihre Angebote für wertvoller zu erachten, als das, was sie kennt und erfahren hat, ande-rerseits könnte sie mit der Probe dem Mädchen auch die eigene sichernde Früherfahrung bewusst machen wollen. Mit der offenbar guten Erfahrung von Halt und Gebor-genheit trotz der Unbewusstheit der Eltern hat das Mäd-chen eine gute Basis, wichtige Voraussetzung für die Be-wältigung schwieriger Lebensumstände. Aber nicht nur das. Ganz offensichtlich waren auch die Impulse zur Auto-nomieentwicklung ausreichend. Die Ahlkirsche verfügt über ein Holz, das sich gut zur Verarbeitung eignet. Es lässt kreative Gestaltungsimpulse in besonderer Weise zu.

Das Mädchen zeigt in seiner Antwort, dass es in der Lage war, seine eigenen schöpferischen und tatkräftigen Seiten zu entwickeln. Es hat sich aus den Blättern, die immer Garant für die Gesundheit einer Pflanze sind, einen Rock genäht. Gleichzeitig hat sie diesen Rock in einer Truhe verborgen. Könnte die Truhe Sinnbild sein für eine noch nicht erwachte Weiblichkeit? In der Pubertät sind die frühen Erfahrungen von Geborgenheit und Halt, ebenso, wie Impulse zu autonomem Handeln, nur die Basis für eine progressive Entwicklung. Erwachsen zu werden fordert in einem weiter gehenden Schritt die Bereitschaft, sich selbst zu finden und zu sich als einmalige Persönlichkeit zu stehen.

Diese einleitende Situation im Kontakt mit der Hexe unterstreicht, dass das Mädchen für die Auseinandersetzung mit der erwachenden eigenen Weiblichkeit grundsätzlich gut ausgestattet ist. Vielleicht steht die Begegnung mit der Hexe für die Notwendigkeit neuer und vielschichtiger Erfahrungen, damit das Mädchen die Aufgabe der Pubertät lösen kann. Möglicherweise konnten ihr die Eltern in diesem Punkt keine angemessene Orientierung vorleben, um sich in seiner geschlechtlichen Identität zu finden. Das Männliche in Gestalt des Vaters war schwach und süchtig, trotz vordergründiger Stärke als Schmied. Die Mutter, zwar in ihrer Funktion gegenüber dem kleinen Mädchen hilfreich, war offensichtlich zu konstruktiver Auseinandersetzung mit dem Männlichen nicht in der Lage. Sie entzog sich einer unbefriedigenden Partnerschaft, statt aktiv eine Veränderung zu versuchen. So fehlen dem Mädchen die Voraussetzungen, die Pubertät erfolgreich zu bewältigen und eine sichere weibliche Identität aufzubauen.

Immer wieder begegnet uns in Märchen das Bild der verbotenen Tür, die nicht geöffnet werden darf. Zumeist ist damit die Konfrontation mit der erwachenden Sexualität gemeint.

Heute fällt es Eltern häufig schwer, einen angemessenen Weg zwischen Toleranz und Akzeptanz einerseits, Schutz vor emotionaler Überforderung andererseits zu finden. In dieser Entwicklungsphase brechen heftige vitale sexuelle Impulse auf. Hier brauchen die Jugendlichen Stütze und Hilfestellung, um mit ihrer vitalen Triebdynamik adäquat umzugehen. Wurden früher diese Bedürfnisse eher negiert oder mit Verboten und Schuldzuweisungen belegt, besteht heute die Gefahr, ein Öffnen dieser Türen zu freizügig zu tolerieren. Die Jugendlichen agieren dann zwar ihre sexuellen Bedürfnisse, sind jedoch zur einer damit verbundenen Beziehungsfähigkeit häufig noch nicht in der Lage. Sie treiben Spiele der Erwachsenen, ohne sich der damit verbundenen Verantwortung ernsthaft bewusst zu sein.

Nicht selten begegnet einem auch heute noch eine seltsam anmutende Naivität. So äußerte sich eine Dreizehnjährige weitgehend überzeugt: „Beim ersten Mal passiert doch noch nichts, da kann man doch nicht schwanger werden." Dieses Mädchen war auf der anderen Seite zurecht gemacht wie eine Achtzehnjährige, verbrachte halbe Nächte in Diskotheken, ohne dass die Eltern eingriffen. „Wir wollen, dass unsere Tochter nicht unter ähnlichen Verbotsschranken leidet, wie wir in unserer Kindheit", so rechtfertigten sie ihre Sorglosigkeit.

Im Märchen öffnet das Mädchen die verbotene Tür, konfrontiert sich also gegen den Willen der Hexe mit dem Männlichen, das einerseits tot erscheint, sie andererseits ermahnt, nichts zu bekennen. Es bleibt rätselhaft, was damit angedeutet sein könnte. Vielleicht der Versuch, dem Männlichen zu begegnen, aber gleichzeitig der Hinweis, dass für sie angesichts der Erfahrung eines schwachen Vaters eine liebevolle Begegnung mit dem anderen Geschlecht noch nicht möglich ist. Verhüllt sich dahinter möglicherweise auch der Hinweis auf eine symbolisch zu verstehende Missbrauchserfahrung, der es Stand zu halten gilt? Die Hexe bietet ihr als Bestrafung drei Wahlmöglichkeiten an. Sehen und Hören sind passive Formen, mit der Welt in Kontakt zu treten. Auf diesen Genuss möchte das Mädchen nicht verzichten. Die Sprache als individuelles Ausdrucksorgan zu opfern erscheint ihr leichter. Damit entscheidet sie sich aber auch für den Aspekt der Abhängigkeit und verzichtet auf die Verwirklichung ureigenster Impulse. Auf der anderen Seite könnte die Bereitschaft, zu verstummen, auch als Ausdruck einer Loyalität zum Männlichen verstanden werden. Ist die zwiespältige Haltung zum anderen Geschlecht ein Thema, das heranwachsende Mädchen nicht mit der Mutter teilen dürfen, um die Entwicklung einer eigenen, nicht von Gehorsam und Unterwerfung bestimmten Haltung, die frühere Frauengenerationen prägte, zu wagen?

Die Hexe in ihrer Doppelbödigkeit sieht nach einiger Zeit im Verlust der Sprache noch nicht Strafe genug. Sie stößt die Schmiedstochter von der Klippe in den vermeintlichen Tod. Der sandige Grund rettet sie. Eine ähnliche Situation, die Entwicklung anstoßen soll, wird von Apuleius im Märchen von Amor und Psyche[17] dargestellt, was den archetypischen Gehalt einer notwendigen Wandlung unterstreicht. Nackt versteckt sich das Mädchen in einer hohlen Eiche. Dieser sehr alt werdende Baum verkörpert unbesiegbare Festigkeit. Er war bei den Griechen Zeus, bei den Germanen Thor und Donar geweiht. In den verschiedensten Mythen spielt die Eiche als Halt gebendes und Erkenntnis weisendes Moment eine Rolle.

Das Mädchen scheint sich jetzt der Herausforderung stellen zu müssen, sich nackt und bloß dem Wagnis der liebenden Begegnung auszusetzen. Damit mag die Eigenschaft der Hingabe gemeint sein, jedoch immer in Verbindung mit der weiteren Entwicklung einer autonomen Weiblichkeit. Das Mädchen gewinnt durch die Liebe des Königs die verlorene Würde zurück, sie wird Königin. Der Wert der Beziehung wird mit der Geburt der Kinder bestätigt, die ihr jedoch durch die Hexe deswegen genommen werden, weil sie sich nicht unterwirft. Es bleibt zu fragen, ob die Bereitschaft zu bekennen, sich für schuldig zu erklären, in diesem Fall die Entwicklungsaufgabe der Adoleszenz verhindern würde. Diese Zeit verlangt, unabhängig zu werden, das eigene Leben, die individuelle Sexualität eigenverantwortlich zu leben und sich von jeder noch so wohlmeinenden Mutter mit einem energischen „Nein" abzugrenzen. Die Umwelt unterstellt der Königin, sie habe ihre Kinder aufgefressen. Damit stellt sich nochmals die Frage nach einer angemessenen Mutteridentität. Muttersein bedeutet nicht, seine Kinder „zum Fressen gern" zu haben und ihnen damit den Weg in die Unabhängigkeit zu verstellen, sondern Stand zu halten und Abgrenzung, die häufig mit negativen Unterstellungen verbunden ist, auszuhalten. Berührend bleibt die Liebe des Königs, seine Bereitschaft, seine Frau auf dem schweren Weg, sich selbst zu bewahren, zu begleiten, wenn auch er sich trotz seiner Königswürde dem Gesetz beugen muss. Dahinter steht die Wahrheit, dass kein noch so liebender Partner in der Lage ist, das Schicksal des anderen in positive Bahnen zu lenken. Das Wagnis der Selbstfindung ist immer ein individueller Prozess. C. G. Jung spricht in diesem Zusammenhang von Individuation. Es ist der selbstverständliche Zugang eines Ichs zu seinem Selbst.

Erst als die Feuerflammen die Kleidung des Mädchens berühren, sie sich symbolisch dem Prozess der Wandlung und Läuterung nochmals hautnah aussetzt, vollzieht sich die Erlösung. Die Hexe wird zur weisen Frau, die den Mut, die Autonomie und das „Nein" als Stärke einordnet. Nun ist die Voraussetzung für eine angemessene Mütterlichkeit gegeben, weshalb die Königin ihre Kinder zurückbekommt. Sie hat sich endgültig aus den frühen problematischen Delegationen befreit und kann eine reife Beziehungsfähigkeit zu sich selbst, zum Partner und zu den Kindern leben.

TOD IST ERFÜLLUNG DES LEBENS
NICHT GEGNERSCHAFT

Tod ist ein langer Schlaf,
Schlaf ist ein kurzer, kurzer Tod,
der lindert dir und jener nimmt des Lebens Not
Tod ist ein langer Schlaf.[18]

Dieser Text, den Joseph Haydn vertonte, umfasst Schicksal und Gnade des Todes. Er wird zum Helfer, der den Menschen von der Schwierigkeit des Lebens gnädig erlöst.
Ganz anders ist unser Gegenwartsbewusstsein.
Wir haben gelernt, im Tod den Gegenspieler des Lebens zu fürchten. Seine Allgegenwärtigkeit wird bestmöglich ausgeblendet. Es sind immer die Anderen, die an Unfällen und tragischen Schicksalsschlägen, an Krankheit oder Hinfälligkeit sterben. Es wird so gelebt, als ob der Tod, entgegen dem inneren Wissen, mit uns eine Ausnahme machte.
Wir befinden uns mit dieser Haltung in bester antiker Tradition: Die Griechen sahen in ihren Göttern das Ideal ewiger Jugend und Schönheit. Das Altern, der Verlust der Kraft und Attraktivität wurde zum tragisch erlebten menschlichen Schicksal, dem kein Sterblicher entrann. Die Unterwelt schließlich, der Ort der Toten, war ein Schattenreich. Hier herrschte Elend und Trauer. Nur einigen Auserwählten gelang der Sprung ins Elysium wie Herakles oder Medea, die eine himmlische Hochzeit mit den Unsterblichen feierten.

Ganz anders war noch die Einstellung der alten Ägypter gegenüber dem Tod. „Du stirbst, damit du lebst", das war ihre Überzeugung, nach der sie ihr ganzes diesseitiges Leben ausrichteten. Die prächtigen Grabkammern – nicht nur der Pharaonen, sondern auch der Bürgerlichen und Handwerker – sind Zeugnis dieser inneren Gewissheit. Für sie war der Tod ein Durchgangsstadium und gleichzeitig eine Schwellensituation, in der die Frage nach einem sinnvoll gelebten Leben gestellt wurde. Das Totengericht im Beisein der Götter, des Anubis als Begleiter und des Thot als Schreiber, war Ort der Herzenswägung. Letztlich entschieden Herzenskraft und Herzensgüte über das Bestehen der Probe. Danach war die Vereinigung mit Osiris dem Gott der Fruchtbarkeit und des Todes möglich und damit ein neues Leben auf höherer Stufe.[19]

Mit dem Tod ist nicht zu handeln

Wir wissen, dass jedes Leben durch den Tod begrenzt ist und gleichzeitig wünschen wir uns zu leben in ewiger Gesundheit und Schaffenskraft. Jeder Tag unseres vitalen Lebens bringt uns jedoch näher an diese Schwelle, die verlangt, dass jedes eigenständige, noch so erfolgreiche Tun irgendwann durch den Tod beendet wird.

Ein alte Dame sagte mir einmal: „Jeden Tag empfinde ich zutiefst das Goethe Wort ‚Ach, ich bin des Treibens müde‘, aber wenn der Tod heute käme, würde ich doch sagen: ‚Bitte, lieber erst morgen!‘“ Es erscheint leicht, theoretisch bereit zum Sterben zu sein, aber wirklich loszulassen, das braucht lebenslange Übung!

Märchen: Der Gevatter Tod

Es hatte ein armer Mann zwölf Kinder und musste Tag und Nacht arbeiten, damit er ihnen nur Brot geben konnte. Als nun das dreizehnte zur Welt kam, wußte er sich in seiner Not nicht zu helfen, lief hinaus auf die große Landstraße und wollte den ersten, der ihm begegnete, zu Gevatter bitten. Der erste, der ihm begegnete, das war der liebe Gott. Der wußte schon, was er auf dem Herzen hatte, und sprach zu ihm: „Armer Mann, du dauerst mich, ich will dein Kind aus der Taufe heben, will für es sorgen und es glücklich machen auf Erden.“ Der Mann sprach: „Wer bist du?“ - „Ich bin der liebe Gott.“ - „So begehr’ ich dich nicht zu Gevatter“, sagte der Mann, „du gibst dem Reichen und lässest den Armen hungern.“ Das sprach der Mann, weil er nicht wußte, wie weislich Gott Reichtum und Armut verteilt.

Also wendete er sich von dem Herrn und ging weiter. Da trat der Teufel zu ihm und sprach: „Was suchst du? Willst du mich zum Paten deines Kindes nehmen, so will ich ihm Gold in Hülle und Fülle und alle Lust der Welt dazu geben." - Der Mann fragte: „Wer bist du?" - „Ich bin der Teufel." - „So begehr' ich dich nicht zu Gevatter", sprach der Mann, „du betrügst und verführst die Menschen." Er ging weiter; da kam der dürrbeinige Tod auf ihn zugeschritten und sprach: „Nimm mich zu Gevatter." Der Mann fragte: „Wer bist du?" - „Ich bin der Tod, der alle gleichmacht." Da sprach der Mann: „Du bist der Rechte, du holst den Reichen wie den Armen ohne Unterschied, du sollst mein Gevattersmann sein." Der Tod antwortete: „Ich will dein Kind reich und berühmt machen; denn wer mich zum Freunde hat, dem kann's nicht fehlen." Der Mann sprach: „Künftigen Sonntag ist die Taufe, da stelle dich zu rechter Zeit ein." Der Tod erschien, wie er versprochen hatte, und stand ganz ordentlich Gevatter.

Als der Knabe zu Jahren gekommen war, trat zu einer Zeit der Pate ein und hieß ihn mitgehen. Er führte ihn hinaus in den Wald, zeigte ihm ein Kraut, das da wuchs, und sprach: „Jetzt sollst du dein Patengeschenk empfangen. Ich mache dich zu einem berühmten Arzt. Wenn du zu einem Kranken gerufen wirst, so will ich dir jedesmal erscheinen. Steh' ich zu Häupten des Kranken, so kannst du keck sprechen, du wolltest ihn wieder gesund machen, und gibst du ihm dann von jenem Kraut ein, so wird er genesen. Steh' ich aber zu Füßen des Kranken, so ist er mein, und du musst sagen, alle Hilfe sei umsonst. Aber hüte dich, dass du das Kraut nicht gegen meinen Willen gebrauchst, es könnte dir schlimm ergehen."

Es dauerte nicht lange, so war der Jüngling der berühmteste Arzt auf der ganzen Welt. „Er braucht nur den Kranken anzusehen, so weiß er schon, wie es steht, ob er wieder gesund wird oder ob er sterben muss", so hieß es von ihm, und weit und breit kamen die Leute herbei, holten ihn zu den Kranken und gaben ihm so viel Gold, dass er bald ein *reicher Mann war. Nun trug es sich zu, dass der König erkrankte. Der Arzt ward berufen und sollte sagen, ob Genesung möglich wäre. Wie er aber zu dem Bette trat, so stand der Tod zu den Füßen des Kranken, und da war für ihn kein Kraut mehr gewachsen. „Wenn ich doch einmal den Tod überlisten könnte", dachte der Arzt, „er wird's freilich übelnehmen, aber da ich sein Pate bin, so drückt er wohl ein Auge zu, ich will's wagen." Er fasste also den Kranken und legte ihn verkehrt, sodass der Tod zu Häupten desselben zu stehen kam. Dann gab er ihm von dem Kraute ein, und der König erholte sich und ward wieder gesund. Der Tod aber kam zu dem Arzte, machte ein böses und finsteres Gesicht, drohte mit dem Finger und sagte: „Du hast mich hinter das Licht geführt, diesmal will ich dir's nachsehen, weil du mein Pate bist, aber wagst du das noch einmal, so geht dir's an den Kragen, und ich nehme dich selbst mit fort."*

Bald hernach verfiel die Tochter des Königs in eine schwere Krankheit. Sie war sein einziges Kind, er weinte Tag und Nacht, dass ihm die Augen erblindeten, und ließ bekanntmachen, wer sie vom Tode errette, der sollte ihr Gemahl werden und die Krone erben. Der Arzt, als er zu dem Bette der Kranken kam, erblickte den Tod zu ihren Füßen. Er hätte sich der Warnung seines Paten erinnern sollen, aber die große Schönheit der Königstochter und das Glück, ihr Gemahl zu werden, betörten ihn so, dass er alle Gedanken in den Wind schlug. Er sah nicht, dass der Tod ihm zornige Blicke zuwarf, die Hand in die Höhe hob und mit der dürren Faust drohte; er hob die Kranke auf und legte ihr Haupt dahin, wo die Füße gelegen hatten. Dann gab er ihr das Kraut ein, und alsbald regte sich das Leben von neuem.

Der Tod, als er sich zum zweitenmal um sein Eigentum betrogen sah, ging mit langen Schritten auf den Arzt zu und sprach: „Es ist aus mit dir, und die Reihe kommt nun an dich", packte ihn mit seiner eiskalten Hand so hart, dass er nicht widerstehen konnte, und führte ihn in eine unterirdische Höhle. Da sah er, wie tausend und tausend Lichter in unübersehbaren Reihen brannten, einige groß, andere halbgroß, andere klein. Jeden Augenblick verloschen einige, und andere brannten wieder auf, alsodass die Flämmchen in beständigem Wechsel zu sein schienen. „Siehst du", sprach der Tod, „das sind die Lebenslichter der Menschen. Die großen gehören Kindern, die halbgroßen Eheleuten in ihren besten Jahren, die kleinen gehören Greisen. Doch auch Kinder und junge Leute haben oft nur ein kleines Lichtchen." – „Zeige mir mein Lebenslicht", sagte der Arzt und meinte, es wäre noch recht groß. Der Tod deutete auf ein kleines Endchen, das eben auszugehen drohte, und sagte: „Siehst du, da ist es." – „Ach, lieber Pate", sagte der erschrockene Arzt, „zündet mir ein neues an, tut mir's zuliebe, damit ich König werde und Gemahl der schönen Königstochter." – „Ich kann nicht", antwortete der Tod, „erst muss eins verlöschen, eh' ein neues anbrennt. – „So setzt das alte auf ein neues, das gleich fortbrennt, wenn jenes zu Ende ist", bat der Arzt. Der Tod stellte sich, als ob er seinen Wunsch erfüllen wollte, langte ein frisches, großes Licht herbei, aber weil er sich rächen wollte, versah er's beim Umstecken absichtlich, und das Stöckchen fiel um und verlosch. Alsbald sank der Arzt zu Boden und war nun selbst in die Hand des Todes geraten.

Das Märchen liest sich zunächst wie eine einfache, logische Geschichte. Es gibt bei genauerem Hinhören jedoch manchen Hinweis auf eine weiter gehende Wahrheit menschlichen Erlebens in Tiefen und Höhen.

Zunächst erscheint die Geburt eines dreizehnten Kindes als eine Katastrophe, hatte der Vater bereits genug zu tun, um seine zwölf Kinder satt zu bekommen. 13 gilt im Volksglauben als Unglückszahl. Richtig ist, dass die 13 die Vollkommenheit, die mit der 12 verbunden ist, wieder verlässt und sich auf das Risiko eines Neuanfangs einstellt. So ein Neubeginn hat alle Chancen zur Verfügung, kann aber auch ins Dunkel führen.

Interessanterweise wird uns von einer Mutter in einer wirksamen schützenden Güte nichts berichtet. Der Vater allein bemüht sich um einen Paten für sein 13. Kind. Zwei der angebotenen Möglichkeiten schlägt der Mann aus seiner begrenzten Perspektive aus, eine Sicht der Dinge, die auch heute oft anzutreffen ist. Gott, in seinem Angebot, für den Täufling zu sorgen und ihn glücklich zu machen, wird abgewiesen. Zu ungerecht erscheint er dem Mann in der Verteilung seiner Güter. In Gestalt des dunklen Gegenspielers des Göttlichen trifft der Mann dann auf das Angebot von Reichtum und alle Lust dieser Welt. Hier wendet der Vater ein, dass jener ein Lügner und Verführer sei, weshalb er ihn ablehnt. Der Tod als dritter möglicher Pate verspricht Gerechtigkeit gegenüber reich und arm und darüber hinaus die Chance, reich und berühmt zu werden. Der Tod verbindet damit beide Aspekte, die Gott und Teufel anbieten. Offenbar wird jedoch das Angebot, unter dem Aspekt der Macht und des Erfolges eingestuft, eine Perspektive, die viele Menschen gerade heute zum Gradmesser ihres Lebenssinnes machen. Das Leben im Diesseits soll vergoldet sein und gleichzeitig den Wunsch erfüllen, über Erfolg berühmt und bedeutend zu werden. Ob sich dahinter bis heute die Sehnsucht nach einem die Zeit des Lebens überdauernden Gehaltes verbirgt? Das Bedürfnis, Spuren zu hinterlassen, als Werk zu überdauern, wenn man schon als Mensch nicht ewig sein kann!

Mithilfe seines Paten wird der junge Mann ein berühmter Arzt, der über das richtige Kraut verfügt, um einen Menschen wieder gesund zu machen. Weil der Tod dabei sein ständiger Begleiter ist, gelingt ihm stets das Richtige. Er vermag den Kranken zu heilen, oder verkündet seinen nahenden Tod. Symbolisch gesprochen befindet sich der junge Mann zunächst im Gleichgewicht mit den hellen und dunklen Aspekten des Lebens. Er wird gerade dadurch berühmt, weil er sowohl dem Leben, als auch dem Tod zugewandt ist. Indem er als Arzt Macht und Ohnmacht gleichermaßen vertritt, scheint er die eigenen Möglichkeiten wie auch Grenzen zu kennen und zu respektieren. Mit der Erkrankung des Königs verändert sich jedoch sowohl der Blick auf die Realität als auch auf die eigene Person. Der Arzt scheint in eine Hybris zu geraten, ein Machtaspekt, der sich verselbstständigt hat, weil die Heilung des Königs einen bedeutenden Zugewinn an Wertschätzung bedeutet hätte. Liegt die Verführung darin, dass sich der Arzt damit über den Repräsentanten von Herrschen und Macht zu stellen glaubt?

Jedenfalls wiederholt sich etwas, was einst der Vater glaubte, mit der Wahl des Paten aus der Lebensgestaltung seines Sohnes auszublenden. Jener verbündet sich unbewusst mit dem Angebot des Teufels und denkt an Lust und materielle Belohnung. Damit verbunden ist Lug und Betrug, genau das, was dem Vater ein zu hoher Preis war. Der Tod verzeiht ihm die List einmal, warnt ihn jedoch vor einer solchen Wiederholung. Und wieder verfällt der Arzt der Verführung und missachtet seine Grenzen. Er hat sich offensichtlich mit dem Übermenschlichen identifiziert, als ob er selbst Herr über Leben und Tod sei und damit den Tod besiegen könne.

So endet er selbst tragisch. Tragisch deshalb, weil er bis zuletzt glaubt, dass sein Schicksal keinen Tod kennt. Er stirbt durch eine scheinbare Ungeschicklichkeit des Todes, die jedoch nicht zufällig ist. Der Tod ist die Konsequenz des Lebens. Bejahen wir seine Existenz und Allgegenwart, die gegenüber arm und reich, jung und alt keinen Unterschied kennt, dann wäre das Realität, was der Vater sich für die Patenschaft seines Sohnes gewünscht hat: Gerechtigkeit.

Viele verwahren sich jedoch heute gerade dieser Äußerung gegenüber. Der Tod erscheint ihnen als Ausdruck der Willkür: Warum den Einen und nicht den Anderen? Warum den Jüngling und nicht den Greis? Warum die junge Frau und nicht die alte? Oft erst nach Jahren wird erahnbar, warum das Schicksal so und nicht anders war, warum der Tod nach diesem Leben griff und nicht auf unser Urteil, unsere Bereitschaft wartete. Zu unserem menschlichen Sein gehört dazu, dass wir weder Ort noch Stunde unseres Todes kennen, nur von unserer Sterblichkeit wissen wir. Darum nannten die alten Griechen die Götter die Unsterblichen, im Fühlen und Handeln dem Menschen nah und doch in ihrem Sein so fern. Wird auf diesem Hintergrund nicht verständlich, warum die Menschen sich als Ausdruck eines archetypischen Bedürfnisses nach Unsterblichkeit sehnten? Eine Spur des Göttlichen in uns, das zu dieser Sehnsucht befähigt, eine Ahnung der göttlichen Gnade, die den Menschen aus seinem Erdendasein befreien will, gerade durch den Tod?

Nicht altern können heißt, sich der Leblosigkeit zu überantworten

Der Traum von der ewigen Jugend, welcher Mensch hätte ihn nicht? Gerade wenn die Spuren des Alterns sich unübersehbar abzeichnen, wenn körperliche und geistige Kräfte nachlassen, wenn die nachfolgende Generation ins Zentrum drängt und den älteren Menschen das subjektiv erlebte Abstellgleis droht. Ist der Versuch als „vergnügungssüchtiger Rentner" die Illusion, mitten im Leben zu stehen, überzeugend? Ist die Behauptung, man sei so jung, wie man sich fühlt, ein Bollwerk gegen die Realität? Die Jugend kann ich mir nur als innere Lebendigkeit bewahren, im Teilnehmen am Erleben der nachfolgenden Generationen. Nicht Kreuzfahrten und das Lösen von Kreuzworträtseln erhält jung, sondern die Bezogenheit und liebevolle Begleitung von Kindern. So kann die Lebendigkeit des Lebens aufrechterhalten werden, nicht als Verwirklichung individueller Sehnsucht, sondern als Aufgabe des Lebens selbst.

Märchen: Jugend ohne Alter und Leben ohne Tod

Es war einmal ein großer König und eine Königin, beide jung und schön, und da sie keine Kinder bekamen, hatten sie oftmals alles getan, was dazu nötig ist; sie waren zu den Zauberern und Weisen gegangen, damit sie in die Sterne sähen und ihnen ansagten, ob sie Kinder bekämen, doch umsonst. Endlich hörte der König, in einem nahen

Dorfe befinde sich ein kundiger Greis, und schickte nach ihm. Der jedoch sagte dem Boten, wer ihn brauche, möge zu ihm kommen. So begaben sich der König und die Königin mit einigen Großen, Kriegsleuten und Dienern als Gefolge zu dem Hause des Alten. Da sie der Alte von ferne kommen sah, ging er ihnen entgegen und sagte sogleich zu ihnen: „Seid mir willkommen! Aber weshalb kommst du, König? Der Wunsch, den du hegst, wird dir nur Schmerz bringen.

„Nicht hiernach zu fragen, bin ich gekommen", sagte der König, „sondern, damit du mir eine Arzenei gebest, so du eine hast, auf dass wir Kinder bekommen."

„Ich hab' sie", erwiderte der Alte. „Aber ihr werdet nur ein Kind bekommen. Es wird ein Schönkind sein und sehr lieblich, und ihr werdet es nicht bei euch behalten."

Der König und die Königin nahmen die Arzenei entgegen und kehrten fröhlich in ihren Palast zurück, und nach etlichen Tagen fühlte sich die Königin schwanger. Das ganze Königreich, der ganze Hof und alle Diener freuten sich darüber. Bevor aber noch die Stunde der Geburt da war, begann das Kind zu weinen, und kein Zauberer konnte es beruhigen. Da fing der König an, ihm alle Güter der Welt zu versprechen, aber auch das vermochte es nicht zum Schweigen zu bringen. „Sei stille, Vaterliebling", sagte der König, „ich will dir das und das Königreich geben; sei stille, Söhnchen, ich will dir die und die Königstochter geben", und noch viel mehr desgleichen. Endlich, da er sah, es wolle nicht stille werden, sagte er: „Sei stille, mein Junge, ich will dir Jugend ohne Alter und Leben ohne Tod geben."

Da schwieg das Kind und kam zur Welt. Die Hofleute jedoch schlugen die Pauken und bliesen die Trompeten, und rings im Königreiche herrschte eine ganze Woche lang Festtrubel.

Und der Knabe nahm zu wie an Jahren so an Geist und Kühnheit. Er ging in die Schulen und zu den Weisen, und was andere Kinder in einem Jahr lernen, all das lernte er in einem Mond, sodass der

König vor Freude ganz weg war. Das ganze Königreich pries sich glücklich, einst einen König zu bekommen so weise und gelehrt wie König Salomo.

Von einer Zeit an jedoch, wer weiß warum, war der Knabe ganz schwermütig, traurig und in Gedanken versunken; Und eines Tages, gerade als er sein fünfzehntes Jahr vollendete, und der König sich mit allen Großen und den hohen Beamten des Reiches zur Tafel setzte und alle fröhlich waren, stand Schönkind auf und sagte: „Vater, die Zeit ist gekommen, da du mir geben sollst, was du mir bei meiner Geburt versprochen hast."

Als der König das hörte, wurde er sehr bekümmert und sprach: „Aber woher, mein Söhnlein, soll ich dir etwas so Unerhörtes geben? Ich hab' es dir damals nur versprochen, damit du ruhig wurdest."

„Wenn du, Vater, es mir nicht geben kannst, so muss ich durch die ganze Welt ziehen, bis ich das Versprochene, weshalb ich zur Welt kam, finde."

Da fielen der König und alle Großen auf die Knie und baten ihn, das Reich nicht zu verlassen. „Denn", sagten die Großen, „dein Vater ist jetzt alt, und wir wollen dich auf den Thron erheben und dir die schönste Königin unter der Sonne zur Gemahlin geben." Aber es war unmöglich, ihn von seinem Entschlusse abzubringen; felsenfest blieb er bei seinen Worten.

Als nun der Vater all das sah, gab er ihm Urlaub und ging, ihm für den Weg Mundvorrat und was er sonst noch brauchte, vorzubereiten. Hierauf begab sich Schönkind in die königlichen Ställe, wo die schönsten Rosse des ganzen Königreichs standen, um sich eines auszusuchen. Doch sowie er eines mit der Hand beim Schweife nahm, warf er es hin, und alle Pferde stürzten derart zu Boden. Schließlich, als er schon hinausgehen wollte, blickte er noch einmal im Stalle umher und bemerkte in einem Winkel ein rotzkrankes, schwäriges, elendes Pferd und trat zu dem. Als er jedoch dieses mit der Hand am Schwanze *ergriff, wandte es den Kopf nach ihm und sagte: „Was befiehlst du, Herr? Dank sei Gott, dass er mir dazu verhalf, noch einmal die Hand eines Helden auf mir zu spüren.“*

Und es stemmte die Füße auf und blieb kerzengerade stehn. Da sagte ihm Schönkind, was er beabsichtige, und das Pferd sprach zu ihm: „Damit dein Wunsch in Erfüllung gehe, musst du von deinem Vater das Schwert, die Lanze, den Bogen, den Köcher mit den Pfeilen und die Kleider, die er als Jüngling trug, verlangen. Mich aber musst du sechs Wochen lang mit eigner Hand versorgen und mir den Hafer in Milch kochen.“

Er verlangte nun vom König die Sachen, die ihm das Pferd angeraten hatte, und der ließ den Haushofmeister rufen und befahl ihm, alle Kleidertruhen aufzuschließen, damit sein Sohn sich daraus wähle, was ihm gefalle.

Schönkind suchte drei Tage und drei Nächte; am Ende fand er auf dem Grunde einer alten Truhe die Waffen und Gewänder, die sein Vater als Jüngling getragen hatte, aber arg verrostet. Er ging daran, sie mit eigener Hand vom Roste zu reinigen, und nach sechs Wochen war er so weit, dass die Waffen wie ein Spiegel glänzten. Währenddessen besorgte er auch das Pferd, wie es ihm gesagt hatte. Viel Mühe hatte er, aber nicht umsonst.

Als das Pferd von Schönkind erfuhr, Kleidung und Waffen seien wohl gesäubert und hergerichtet, zur Stunde schüttelte es sich auch, und Geschwüre und Rotz wichen von ihm, und es wurde ganz so, wie es seine Mutter geboren hatte: ein wohlgenährtes, stattliches Roß mit vier Flügeln.

Da Schönkind es also sah, sprach er zu ihm: „In drei Tagen reiten wir.“ „Glückauf, Herr! Ich bin heute schon bereit, wenn du befiehlst“, antwortete das Pferd.

Am dritten Tag früh war der ganze Hof und das ganze Königreich voll Trauer. Schönkind, in ritterlicher Tracht, das Schwert in der

Hand, hoch auf dem Pferde, das er sich ausgesucht hatte, nahm Abschied vom König, von der Königin, von allen großen und kleinen Herren, von den Kriegsleuten und allen Hofbediensteten, die ihn unter Tränen baten, er möge doch von dieser Fahrt abstehn, damit er nicht etwa in sein Verderben gehe. Er aber gab seinem Rosse die Sporen und ritt aus dem Tore, und hinter ihm die Wagen mit Vorrat und Geld und an die zweihundert Kriegsleute, die auf des Königs Befehl ihn begleiteten.

Nachdem so Schönkind die Marken des Reiches seines Vaters überschritten hatte und in die Wüste gekommen war, verteilte er alle seine Habe unter die Kriegsleute, verabschiedete sie und sandte sie zurück; sich selbst aber nahm er nur so viel Vorrat mit, als das Pferd tragen konnte. Dann schlug er den Weg nach Osten ein und ritt und ritt drei Tage und drei Nächte, bis er auf ein weites Gebiete kam, wo viele menschliche Gebeine herumlagen.

Da er anhielt, um zu rasten, sagte das Pferd: „Wisse, Herr, dass wir hier auf dem Gebiet einer Spechtin sind, die so böse ist, dass sie jeden, der ihr Gebiet betritt, umbringt. Augenblicklich ist sie bei ihren Kindern, morgen aber wird sie aus dem Walde, den du dort siehst, dir entgegentreten, um dich zu verderben. Sie ist furchtbar groß, aber erschrick nicht, halte vielmehr den Bogen bereit und schieß nach ihr, aber auch Schwert und Lanze behalte zuhanden, damit du dich ihrer bedienen kannst, wenn es nottut."

Sie legten sich zur Rast hin; aber bald das eine, bald das andere blieb wach.

Am anderen Tag, als sich eben der Morgen rötete, machten sie sich bereit, um durch den Wald zu ziehen. Schönkind sattelte und zäumte das Roß und zog den Gurt fester an als sonst und saß auf. Da aber hörte er auch schon ein schreckliches Hacken. Nun sagte das Pferd: „Halte dich bereit, Herr, denn die Spechtin kommt." Und wie sie kam, Bruder, riß sie die Bäume nieder; so schnell fuhr sie daher. Aber *das Pferd erhob sich wie der Wind, bis es fast genau über ihr war, und Schönkind schoß ihr mit dem Pfeil einen Fuß ab, doch als er den zweiten Pfeil auf sie abschießen wollte, schrie sie: „Halt ein, Schönkind! Ich tu dir nichts."*

Und als sie sah, dass er ihr nicht glaube, gab sie es ihm mit ihrem Blute geschrieben. „Glück zu deinem Pferde, Schönkind", sprach sie weiter; „das ist mir ein Zaubertier! War das nicht, verspeist' ich dich gebraten. Jetzt aber hast du mich zur Strecke gebracht. Wisse, bis heute hat kein Sterblicher sich über meine Grenzen gewagt; ein paar Tolle, die sich's erkühnten, sind gerade noch bis in die Blache gekommen, wo du die vielen Gebeine gesehen hast."

Sie gingen mit ihr in ihr Haus, und da bewirtete die Spechtin Schönkind und nahm ihn auf wie einen Reisegast. Als sie jedoch am Tische saßen und lustig waren, stöhnte die Spechtin neuerlich vor Schmerz. Zur Stunde nahm er den aufbewahrten Fuß aus dem Ranzen und setzte ihn an seine Stelle; und sogleich heilte er an. Die Spechtin hielt vor Freude drei Tage hintereinander Tafel und bat Schönkind, er möge eine ihrer drei Töchter, die alle schön wie Zinen waren, zur Frau nehmen. Er aber wollte das nicht, sondern sagte ihr offen, was er suche. Darauf sagte sie zu ihm: „Mit dem Pferde, das du hast, und deiner Tapferkeit wirst du es, glaube ich, finden."

Nach drei Tagen machten sie sich bereit und zogen weiter. Schönkind ritt und ritt wieder, lang und immer länger. Doch als sie über die Grenzen des Reiches der Spechtin gekommen waren, begab er sich auf eine schöne Wiese, die zur Hälfte voll Blüten stand, zur anderen Hälfte ganz versengt war. Da fragte er das Pferd, warum das Gras verbrannt sei, und das Pferd antwortete: „Hier sind wir auf dem Gebiet einer Skorpionin, der Schwester der Spechtin. Böse, wie sie sind, können sie nicht an einem Orte zusammen leben. Ihre Feindschaft ist entsetzlich, über alle Maßen, eine will der anderen das Land entreißen. Wenn die Skorpionin gar ergrimmt ist, speit sie

179

Feuer und Pech. Man sieht es, sie hat mit ihrer Schwester einen Streit gehabt, und um sie von ihrem Gebiete zu vertreiben, hat sie, wo sie zog, das Gras verbrannt. Sie ist noch schlimmer als ihre Schwester und hat drei Köpfe. Laß uns etwas rasten, und morgen früh seien wir zeitig bereit."

Am anderen Tage rüsteten sie sich ganz so wie damals, als sie zur Spechtin kamen, und zogen aus. Da hörten sie auch schon ein Geheul und ein Gebrause, wie sie es nie vorher gehört hatten.

„Halte dich bereit, Herr, denn die Greifin der Skorpione kommt daher."

Die Skorpionin kam, den einen Kiefer am Himmel und den anderen an der Erde, Flammen speiend, heran so schnell wie der Wind. Aber geschwinde wie ein Pfeil erhob sich das Pferd, bis es fast genau über ihr war, und stürzte dann etwas seitlich von ihr herab. Schönkind schoß auf sie und riß ihr einen Kopf ab. Als er ihr den zweiten Kopf herunterschießen wollte, flehte die Skorpionin unter Tränen, er möge ihr verzeihen, sie tue ihm nichts, und da er ihr nicht glaubte, gab sie ihm mit ihrem Blute geschrieben. Die Skorpionin bewirtete Schönkind noch reichlicher als die Spechtin. Auch ihr gab er den Kopf, den er ihr mit dem Pfeile abgeschossen hatte, zurück; sowie er ihn an seine Stelle tat, wuchs er wieder an. Und nach drei Tagen zogen sie weiter.

Bald hatten sie das Gebiet der Skorpionin hinter sich und ritten, bis sie an ein ganz von Blüten überdecktes Feld kamen, wo es nur Frühling gab. Jede Blume war ungewöhnlich schön und duftete, dass es dich berauscht hätte. Ein leichter Wind, der kaum zu spüren war, wehte. Da hielten sie an, um sich auszuruhen. Das Pferd aber sagte: „Bis hierher ist es gegangen, wie es ging, Herr, aber noch sind wir nicht zu Ende; wir haben noch eine große Gefahr zu bestehen. Mit Gottes Hilfe werden wir auch sie überwinden, dann sind wir Helden. Nicht mehr weit von hier steht der Palast, wo Jugend ohne Alter und Leben ohne Tod wohnt. Dieses Haus ist von einem dichten, hohen

Wald umgeben, worin die wildesten Tiere hausen, die es gibt; Tag und Nacht halten sie schlaflos Wache und sind sehr zahlreich. Mit ihnen zu kämpfen, ist unmöglich, und durch den Wald zu dringen desgleichen. Wir müssen sehen, ob wir nicht vielleicht darüber hinwegspringen können.

Nachdem sie an die zwei Tage gerastet hatten, machten sie sich wieder bereit. Da hielt das Pferd den Atem an und sagte: „Herr, zieh den Gurt an, so straff du nur kannst, und wenn du sitzest, halte dich gut fest in den Steigbügeln und an meiner Mähne. Die Beine halte eng an meinen Hals gedrückt, damit du mich in meinem Sprunge nicht behinderst." Er schwang sich in den Sattel, machte einen Versuch, und in einem Hui war er beim Walde.

„Herr", fuhr das Pferd fort, „jetzt ist gerade die Zeit, da die wilden Tiere des Waldes ihr Futter bekommen, und sie sind alle im Hof versammelt. So springen wir!"

„Springen wir", erwiderte Schönkind, „und Gott erbarme sich unser." Sie schwangen sich empor und sahen den Palast derart glänzen, dass du schauen konntest ins Sonnenlicht, aber auf den Palast nicht. Sie sprangen über den Wald, und eben als sie sich zu der Treppe des Palastes herunterlassen wollten, berührte das Pferd ein ganz klein wenig den Wipfel eines Baumes, und sofort begann der ganze Wald in Bewegung zu kommen; die wilden Tiere heulten, dass sich einem die Haare auf dem Kopf sträubten. Sie ließen sich geschwind hinab, und wäre die Herrin des Palastes nicht draußen gewesen, da sie eben ihre Küchlein fütterte (denn so nannte sie das Waldgetier), so wäre es um sie geschehen gewesen.

Rein aus Freude über ihre Ankunft ließ sie ihn verschonen; denn bis dahin hatte sie noch keine Menschenseele bei sich gesehen. Sie hielt die Tiere ab, besänftigte sie und schickte sie an ihren Platz zurück. Die Herrin war eine hohe, liebholde und über die Maßen schöne Zine. Da Schönkind sie erblickte, war er ganz sprachlos. Sie aber sah ihn freundlich an und sagte: „Willkommen, Schönkind! Was suchst du hier?"

„Wir suchen", sagte er, „Jugend ohne Alter und Leben ohne Tod."

„Suchet ihr dies, wie du sagst, nun wohl – es ist hier."

Da saß er ab und trat in den Palast ein. Dort fand er noch zwei Mädchen, eine wie die andere jung; es waren die Schwestern der Älteren. Er begann der Zine zu danken, dass sie ihn aus der Gefahr befreit habe; jene aber bereiteten ihm ein köstliches Nachtmahl ganz und gar in goldenen Geschirren. Das Pferd ließen sie frei nach seinem Belieben herumgehen; schließlich machten sie es mit allen wilden Tieren bekannt, sodass es unbesorgt im Walde umherstreifen konnte.

Die Frauen baten Schönkind, er möge fortan bei ihnen bleiben, denn sie sagten, es sei ihnen langweilig allein. Er jedoch ließ sich das nicht noch einmal sagen, sondern nahm es mit allem Danke an, als habe er sich gerade das gewünscht.

Nach und nach wurden sie miteinander vertraut. Er erzählte ihnen seine Geschichte und was er zu bestehen gehabt hatte, bis er zu ihnen gekommen war, und nicht lange darauf vermählte er sich mit der jüngsten der Schwestern. Bei ihrer Vermählung erteilten ihm die Herrinnen des Hauses die Erlaubnis, nach Belieben überall in der Runde umherzustreifen; und nur ein Tal, das sie ihm zeigten, solle er nicht betreten, denn es wäre nicht zu seinem Guten, und jenes Tal, sagten sie, heiße das Tal der Tränen.

Er verbrachte bei ihnen eine ungerechnete Zeit, ohne es gewahr zu werden; denn er blieb ganz so jung, wie er hingekommen war. Er zog durch die Wälder, ohne dass ihm nur der Kopf wehtat. Er ergötzte sich an den goldenen Palästen, lebte in Ruhe und Frieden mit seiner Gemahlin und deren Schwestern, erfreute sich an der Schönheit der Blumen und an der sanften reinen Luft wie ein Glückseliger. Oftmals ging er auf die Jagd; eines Tages aber verfolgte er einen Hasen, schoß nach ihm einen Pfeil, schoß den zweiten und traf ihn nicht.

Voll Grimmes eilte er ihm nach und schoß noch einen dritten Pfeil ab, und mit dem traf er ihn. Aber der Unselige hatte in seinem Eifer nicht darauf geachtet, dass er auf der Verfolgung des Hasen in das Tal der Tränen gekommen war.

Mit seinem Hasen kehrte er heim. Da jedoch, was gab es? Auf einmal ergriff ihn Sehnsucht nach seinem Vater und seiner Mutter. Er getraute sich nicht, dies den hohen Frauen zu sagen; sie aber erkannten es an der Traurigkeit und Unruhe, die sie an ihm sahen.

„Du bist, Unglücklicher, im Tal der Tränen gewesen!" sagten sie zu ihm ganz erschreckt.

„Ich war dort, meine Lieben, aber ohne dass ich diese Torheit begehen wollte; und jetzt vergehe ich vor Sehnsucht nach meinen Eltern, aber auch von euch kann ich mich nicht trennen. Ich bin schon viele Tage bei euch und kann mich über nichts beklagen. So will ich denn gehen, um noch einmal meine Eltern zu sehen, und dann zurückkehren und nie wieder fortziehen;"

„Verlaß uns nicht, Geliebter! Deine Eltern leben schon seit Jahrhunderten nicht mehr, und wenn du fortgehst, fürchten wir, du wirst nicht wieder zurückkehren. Bleib bei uns, denn eine Ahnung sagt uns, du werdest umkommen."

Alle Bitten der drei Frauen wie auch des Pferdes waren nicht imstande, seine Sehnsucht nach den Eltern, die ihn ganz verzehrte, zu stillen.

Endlich sprach das Pferd zu ihm: „Wenn du nicht auf mich hören willst, Herr, wird, was dir zustößt, allein deine Schuld sein. Ich muss dir nur etwas sagen, und wenn du meine Bedingung annimmst, bringe ich dich zurück."

„Ich nehme sie mit Dank an", sagte er, „laß hören, wenn wir bei deines Vaters Palaste sind, so steig ab, ich aber kehre zurück, wenn du nur eine Stunde lang dort bleibst."

„Gut denn", sagte er.

Sie machten sich reisefertig, er umarmte die Frauen, und nachdem sie voneinander Abschied genommen hatten, ritt er hinweg, während sie schluchzend mit Tränen in den Augen zurückblieben. Sie kamen an Orte, wo das Gebiet der Skorpionin gewesen war. Sie fanden da Städte. Die Wälder hatten sich in Felder gewandelt. Er fragte den und jenen nach der Skorpionin und wo sie wohne, sie aber antworteten, ihre Großväter hätten von ihren Urgroßvätern von dergleichen Märchen erzählen hören.

„Wie kann das sein?" sprach Schönkind zu ihnen. „Erst neulich bin ich hier durchgekommen", und er sagte ihnen, was er wußte.

Die Leute lachten über ihn, als redete er irre oder träumte im Wachen. Voll Zornes ritt er weiter und beachtete nicht, dass ihm Bart und Haare weiß wurden.

Im Gebiet der Spechtin fragte er dasselbe wie im Gebiet der Skorpionin und erhielt dieselben Antworten. Er konnte nicht begreifen, dass sich die Stätten in wenigen Tagen so verändert haben sollten, und wieder zog er voll Zornes hinweg, aber der weiße Bart reichte ihm schon bis an den Gürtel, und er fühlte, dass ihm die Beine zu zittern begannen. So kam er in das Reich seines Vaters. Hier gab es andere Menschen, andere Städte, und die alten waren so verändert, dass er sie nicht mehr wiedererkannte. Am Ende kam er in die Paläste, wo er geboren worden war. Er stieg ab, und das Pferd küßte ihm die Hand und sprach:

„Leb wohl, Herr, denn ich kehre zurück, woher ich gekommen bin. Willst auch du mitkommen, so steig sogleich auf, und wir reiten."

„Leb wohl. Auch ich hoffe, bald zurückzukehren."

Das Pferd flog schnell wie ein Pfeil von dannen.

Als er die Paläste in Trümmer gefallen und von Unkraut überwachsen sah, seufzte er, und mit Tränen in den Augen suchte er sich ins Gedächtnis zurückzurufen, wie strahlend diese Paläste einst gewesen waren, und wie er seine Kindheit darin verbracht hätte. Zwei-, dreimal ging er um sie herum und suchte jedes Gemach, jedes Winkelchen auf,

um sich die Vergangenheit wieder zu erwecken, den Stall, wo er das
Pferd gefunden hatte, und stieg dann in den Keller hinab, dessen Ein-
gang von herabgefallenen Trümmern verrammt war.
Wie er mit seinem Bart, der ihm bis zu den Knien reichte, da und dort
herumsuchte – seine Augenlider musste er mit den Händen heben und
konnte kaum noch gehen –, fand er nur eine vermoderte Truhe. Die
öffnete er, fand aber nichts darin. Er hob den Deckel des inneren Fachs
auf, und eine schwache Stimme sprach zu ihm: „Willkommen; denn
wenn du noch länger ausgeblieben wärst, so wäre auch ich gestorben."
Und der Tod, der da im Fache lag und rein zu einem Haken zusam-
mengeschrumpft war, legte die Hand auf ihn, und er sank tot hin und
zerfiel zur Stunde zu Staub.

Ein Königspaar, das keine Kinder bekommt, skizziert den
Anfang des Märchens. Bereits hier wird in symbolischer
Form auf ein Todesthema hingewiesen. Die Königswürde
kann nicht an ein eigenes Kind weiter gegeben werden, ein
Geschlecht droht auszusterben. Schließlich gelingt eine
Schwangerschaft auf magische Weise mithilfe eines weisen
Mannes, der jedoch mit dem Kind Schmerz und Verlust
ankündigt. Bis zu einem gewissen Grad umfasst jede El-
ternschaft diese Inhalte. Aber nicht alle Eltern sind sich
dessen bewusst, wenn sie sich ein Kind wünschen. Kinder
sind nicht unser Besitz, sondern wir dürfen sie lediglich ein
Stück in ihr eigenes Leben begleiten. Es ist unsere Aufgabe,
ihnen eine stabile Basis als Voraussetzung für ein gelin-
gendes Leben anzubieten. Gleichzeitig verlangt ihr Größer-
werden das Loslassen der Eltern. Kinder brauchen Wur-
zeln und Flügel. Sie brauchen Halt und die Erfahrung des
Gehaltenseins ohne Fessel, damit sie in ein selbstbestimm-

tes Leben hineinwachsen können. Sie gehen in ihre persönliche Zukunft, die wir mit allem guten Willen weder gestalten dürfen noch können. Eltern bleiben zurück, während Kinder weiter gehen. Vielleicht hilft das archetypische Bild von Moses, um diese Wahrheit zu akzeptieren: Er zeigte nach langer gemeinsamer Reise dem Volk Israel das gelobte Land vom Berg Nebo aus. Er wusste, dass dieses Land für ihn nicht mehr erreichbar war und blieb zurück.

Ob die Königseltern im Kind vor allem ein ihnen gehöriges narzisstisches Objekt sahen? Das Weinen des Kindes noch vor der Geburt mag ein Hinweis darauf sein. Mithilfe der Bindungsforschung wissen wir heute, dass bereits die Schwangerschaft eine auch für die Psyche des Kindes prägende Zeit ist. Es spürt bereits, in wieweit es um seiner selbst willen geliebt, oder ob ihm bereits vorgeburtlich eine Funktion zugedacht ist. Wie manche Eltern unserer Zeit ist der König hilflos, das Kind angemessen zu trösten. Erst als er Jugend ohne Alter und Leben ohne Tod verspricht, lässt sich das Kind beruhigen und kommt auf die Welt. Es ist ein Versprechen, das vor allem die Psyche des Vaters charakterisiert. Hilflos auf der einen, anmaßend auf der anderen Seite. Denn ein solches Versprechen einzuhalten, dazu ist kein Mensch in der Lage. Diese Äußerung mag narzisstische Aspekte der väterlichen Persönlichkeit unterstreichen, gleichzeitig aber auch die Tatsache, dass die Eltern ein „Schönkind" brauchten. Jenes bestätigt ihre Wünsche und Erwartungen. Es entwickelte sich so schnell und in so ausserordentlich begabter Form, dass es mit König Salomo in einem Atemzug genannt wird.

Diese strahlende Einseitigkeit kippt in der Pubertät ins Gegenteil: Der Prinz wird schwermütig. Es ist eine Zeit, in der

Jugendliche anfangen, über sich nachzudenken, sich die Frage nach dem Sinn ihres Lebens zu stellen und Gefühle reflektieren. Sie erleben sich erstmals in ihrer individuellen Einsamkeit und erahnen etwas von der ständig dahin rinnenden Zeit. Damit wird die Frage nach Altern und Tod zum Thema, das persönlich betrifft und Ängste und depressive Verstimmungen auslöst. Dies umso mehr, wenn eine tragende Sicherheit aufgrund des überhöhten und egozentrischen Anspruchs der Eltern nicht gegeben ist.

Schönkind erkennt die Grenzen des väterlichen Vermögens, die gerade darin bestehen, dass er als einziges Kind „Vaterliebling" ist. Der Vater kann nicht loslassen, weil er als alter Mann einen Tod fürchtet, der nicht durch den Sohn und Nachfolger an seiner Seite einen Teil seiner Bitterkeit verliert. Der junge Mann sieht sein Heil in der Flucht nach vorn. Er will das suchen, was ihm sein Vater nicht geben kann. Damit überlässt er die Eltern der Einsamkeit des Alters und bevorstehenden Sterbens. Der Vater ergibt sich in einer gewissen Resignation und sorgt ein letztes Mal äußerlich für die gute orale Versorgung seines Sohnes.

Auf der Suche nach einem geeigneten Pferd beweist Schönkind erneut das, was geheime Sehnsucht des Vaters war, seine Außerordentlichkeit. Er erkennt, dass das schlechteste, elende Pferd seiner würdig ist, weil es über besondere Kräfte verfügt. Es kann nicht nur reden, sondern gibt ihm auch Hinweise, wie er seine Reise bestmöglich vorbereiten kann. Zudem hat es Flügel und knüpft damit an das Bild des Pegasus an. Dieses geflügelte Pferd entsprang dem Rumpf der Medusa, jenem gräulichen Wesen, dessen Anblick jeden, der es erblickte, lähmte.

Ein geflügeltes Pferd besitzt sowohl die Fähigkeit, erdverbunden zu sein und sich in die Weiten des Himmels zu erheben. Es ist damit ebenso der Realität verbunden, als auch in der Lage, über einen Weitblick zu verfügen, der Lösungen in schwierigen Lebenslagen erlaubt.

Um sein Ziel zu erreichen, benötigt Schönkind die Waffen, die sein Vater als Jüngling trug. Er soll sich also als Erbe mit der Jugendkraft des Vaters und einem offenbar damit verbundenen Heldentum ausstatten. Hinzu kommt aber als notwendige Ergänzung eine Bereitschaft zu fürsorgendem Tun. Das Pferd muss, um zu erstarken, sechs Wochen eine kleinkindliche Nahrung zu sich nehmen, die vom Prinz eigenhändig bereitet wird. Diese Zeit braucht der Prinz gleichermaßen, um die Waffen des Vaters vom Rost zu reinigen. Es geht also offensichtlich um ein Doppeltes: Der Prinz muss aktiv werden, sich gewissermaßen selbst zum Held machen, nicht nur die Projektion des Vaters leben. Das geschieht durch seiner Hände Arbeit. Heldenhaftigkeit fällt ihm, obwohl er Königssohn ist, nicht von selbst in den Schoß. Gleichzeitig geht es um einen Akt der Regression. Man könnte annehmen, dass Schönkind die eigenen männlichen Bewusstseinskräfte, die im Pferd symbolisiert sind, liebevoll ernähren muss, um sich dann endgültig vom Kindsein zu verabschieden, erwachsen zu werden. Die Zahl sechs hat in diesem Fall ein besondere Bedeutung: Sie gilt zahlsymbolisch als jene, die den Ausgleich zwischen zwei gegenläufigen Impulsen herstellt. Dadurch entsteht Ausgewogenheit und Harmonie. Zum anderen wird der Sechsstern geprägt von einem Dreieck, das nach oben, und einem, das nach unten weist. Der innere Auftrag an den Prinzen könnte darum auch in sich schließen, sich sowohl um seine bewussten als auch seine unbewussten, seine hellen wie auch seine dunklen Seiten zu kümmern. Erwachsene und kindliche Bedürfnisse wollen zu einem harmonischen Ganzen vereinigt werden. In dem Maß, als mir mein inneres Kind vertraut ist, ich es in seinen Bedürfnissen sehe und wertschätze, löst sich eine scheinbare Polarität von kindlichen und erwachsenen Strebungen auf. Sie können sich zu einem ausgeglichenen Menschenbild vereinigen. Schönkind hat aber offensichtlich diesen Auftrag, polare Aspekte zu verbinden, nicht verstanden, denn zu diesen Gegensatzpaaren zählt auch Jugend und Alter, Leben und Tod. Die Suche nach der ewigen Jugend und dem Leben ohne Tod klammert den Dunkelaspekt des Lebens aus. Erst im Wissen um den Tod kann das Leben seinen Reichtum entfalten. Die Begrenztheit des Lebens erlaubt erst das Erleben der Fülle.

Der dritte Tag nach Ende dieser Entwicklungswochen ist Reisetag. Der König stattet ihn ein letztes Mal liebevoll bindend mit einer Fülle von Vorräten, Geld und Kriegsleuten aus. Der Prinz trennt sich jedoch von allem, was ihn noch an die väterliche Fürsorge fesselt und reitet drei weitere Tage und Nächte auf dem Weg nach Osten. Diese Himmelsrichtung steht stellvertretend für den Weg ins Neue und Unbekannte, dem er sich aussetzen will. Die zweimal betonte Drei symbolisiert das Männliche, so wie wir es in vielen Bildern ausgedrückt wissen. Die höhere Dreiheit versinnbildlicht den Entwicklungsweg des Prinzen. Er will sich aus der Fürsorge befreien, die ihn abhängig macht und ihm Selbstwerdung – die Notwendigkeit, ein handelndes Ich zu werden – erschwert.

Die erste Station auf dem abenteuerlichen Weg ist das Reich der Spechtin. Welche Symbolik könnte hinter diesem Vogel stehen? Jedenfalls ist sie weiblicher Natur, aber mit einem scharfen Schnabel ausgestattet. In ihrer Identität ist sie dem Toten verhaftet, indem Spechte in abgestorbenen Bäumen ihre Behausung bauen und dort nach Insekten suchen. Mithilfe des Pferdes, das sich einem Pegasus gleich in die Lüfte erheben kann, gelingt es dem jungen Mann, einen Pfeil so gekonnt abzuschießen, dass die Spechtin einen Fuß verliert. Schönkind, wie der Prinz interessanterweise erneut auch von der Spechtin genannt wird, vertraut ihrem Schwur der Unterlegenheit erst, als er mit Blut besiegelt wird. Neben seiner Tapferkeit beweist der Prinz jedoch auch sein mitfühlendes Gemüt, denn er setzt den abgeschossenen Fuß wieder an seine Stelle, sodass er heilen kann. Drei Tage tafeln sie, drei Töchter bietet die Spechtin dem Prinz an, doch er zieht weiter.

Die Auseinandersetzung mit dem negativen Mutteraspekt, so deutet das Pferd es an, ist jedoch noch nicht abgeschlossen. Die verfeindete Schwester der Spechtin, die Skorpionin, ist noch um ein vielfaches gefährlicher. Zudem verfügt sie über drei Köpfe. Möglicherweise wird hier auch auf die Gefahr einer kopfgesteuerten Rationalität hingewiesen, die immer der negative Pol einer lebendigen Emotionalität ist. Die Zahl drei weist symbolorientiert auf diese Notwendigkeit hin, über die Be-geisterung Geistigkeit zu entwickeln. Pech und Schwefel, die die Skorpionin speit, signalisieren die entgegengesetzte Gefahr, einer erdgebundenen vernichtenden Qualität des Männlichen. Diese Symbolkraft repräsentieren in ähnlicher Weise Feuer speiende Vulkane. Mit dem Abschießen eines Kopfes wird diese Bedrohung gebannt. Parallel dazu wird die Skorpionin aus ihrer negativen Identität erlöst. So kann der Prinz erneut Mitgefühl zeigen und setzt, nachdem er sich ihrer Glaubwürdigkeit versichert hat, den Kopf an seine alte Stelle.

Um die dritte Aufgabe zu bewältigen, muss jedoch ein kühner Sprung gewagt werden, um über rastlose und schlaflose Tiere, sowie über deren Aufenthaltsort, einen undurchdringlichen Wald, hinwegzukommen. Es gelingt, wenn auch mit der Einschränkung einer leichten Berührung der Wipfel.

Die wilden Tiere drohen mit Vernichtung, werden jedoch von der schönen Frau beruhigt. Liegen hierin Illusion und Scheitern des jugendlichen Helden? Darf der undurchdringliche Wald, die ruhelosen Tiere einfach übersprungen werden? Wäre es nicht vielmehr Aufgabe gewesen, sich mit den verschlungenen Pfaden des Waldes suchend mit aller Angst, die die Weglosigkeit in sich trägt, zu konfrontieren? Forderten die wilden, immer wachen Tiere als Vertreter von dunklen, aber gleichzeitig vitalen Trieben nicht die Auseinandersetzung? Diese dunklen Symbolbilder vertreten ja den negativen Pol des Mutterarchetyps. Schönkind, der vor allem Sohn väterlicher Wünsche und Erwartungen ist, hat das Thema „Mutter" in der Begegnung mit Spechtin und Skorpionin zwar angegangen, nicht aber wirklich bewältigt. Zu schnell wurde der Konflikt entschärft, die Situation harmonisiert.

Passt das nicht gut in unsere Zeit, in der vor allem die Söhne immer später das sorgende Reich der Mütter verlassen? Sie mögen zwar opponieren, lassen sich aber die Versorgung gern gefallen und bleiben bis ins Erwachsenenalter und oft darüber hinaus die „Nesthocker im Hotel Mama."

Bleibt jedoch die Bindung an die Mutter in Abhängigkeit bestehen, kann keine reife Partnerschaft aufgebaut werden. So ist die Zeit des uneingeschränkten Genusses in der Verbindung mit der jüngsten der Schwestern eigentlich ein Verharren in kindlicher Perspektive. Der junge Mann lebt ohne Zeitgefühl, ohne Reflexion, ohne Blick in die Vergangenheit oder Zukunft, denn es gibt für ihn kein Altern und keinen Tod. Wie ein kleines Kind genießt er die unendlichen Augenblicke der Gegenwart. Das Gefühl der ständigen Veränderung, die Ausdruck des Lebens ist, geht ihm verloren. Ist es Glück, so zu leben? Offenbar ist es ein Traum des Menschen, die Gegenwart festzuhalten. Schon Faust suchte lebenslang nach dem Augenblick, zu dem er sagen konnte: „Verweile doch, du bist so schön"[20].

Für Faust war dieser Augenblick erreicht, als er blind geworden, den Tod spürte. Blind bedeutet in diesem Zusammenhang, wieder einen Blick nach innen gewonnen zu haben, eine Wahrnehmung, die das Wesentliche erfasst. Hierzu gehört das Dunkel, nur so ist Licht erkennbar. Im Dunkel liegt jedoch auch das Unbekannte, die Zukunft, die, je älter der Mensch wird, Furcht und die Angst in sich schließt vor dem, was auf ihn wartet. Mit zunehmendem Alter geht der Blick aber genauso in die Vergangenheit. Wir müssen uns der Trauer, den Tränen angesichts des Vergangenen mit all seinen nicht genutzten Möglichkeiten aussetzen und gleichermaßen dem Wissen, dass unser individuelles Sein im Meer des Vergessens versinken wird. Was macht uns letztlich zum Menschen?

Es ist die Erinnerung an das Gewesene in seinen hellen und dunklen Schattierungen. Dazu gehört auch ein Stück Wehmut, die ein „vorbei" in sich schließt. Es ist aber auch Vertrauen und Erwartung gegenüber dem verschleierten Zukünftigen. Und schließlich ist es die Gelassenheit, die uns das zunehmende Altern schenken kann, und es ist die Weisheit als Summe der Erfahrungen eines gelebten Lebens.

Auf diesen Schatz hat Schönkind in seinem Wunsch nach ewiger Jugend verzichtet. Er hat sein Menschsein geopfert und in Unbewusstheit Jahrhunderte abgelebt in ewiger genießender Gegenwart. Und doch scheint es etwas in ihm zu geben, ihm selbst nicht bewusst, das ihn in das Tal der Tränen führt. Es taucht plötzlich Erinnerung auf und mit ihr Sehnsucht nach menschlicher Verbundenheit, nach Heimat, nach Vergangenheit, nach dem, was er verlassen hat. Er wird plötzlich Mensch und damit älter und älter, ohne sich dessen bewusst zu werden. Er sucht nach der Vergangenheit, eine für ihn erst kürzlich abgelebte Zeit und erkennt, dass er den Bezug zur aktuellen Realität, zum gegenwärtigen Leben verloren hat: Er kann sich nicht mehr verständigen. Für ihn verflog das Leben in Augenblicken, für die Menschen waren es Jahrzehnte und Jahrhunderte. So findet er Spuren, die so fern sind, dass sie kaum noch erinnerbar sind. Sein Wunsch nach ewiger Jugend hat ihn um ein langsames Reifen, der Aufgabe und Chance des Alterns, gebracht. Er stirbt, wie ein verwundertes Kind und gleichzeitig als alter Mann, der gelebt hat, ohne das Leben mit bewusstem Inhalt gefüllt zu haben.

Tod ist Wandlung und Neuwerdung

Mit dem Tod der Eltern verändert sich in der Regel die Lebensperspektive der Kinder. Jetzt werden sie in der Geschlechterfolge zur tragenden Generation. Das Dach über ihnen ist verschwunden und damit beginnt häufig eine bewusstere Auseinandersetzung mit Leben und Tod. Es ist, als ob mit dem Tod der Eltern ein überdeutliches Licht auf die persönliche Endlichkeit geworfen wird. Der Tod ist nicht mehr eine allgemeine Größe, die irgendwann den Menschen trifft, sondern er wird zu einem lebendigen Faktor meiner persönlichen Gleichung. Ich selbst bin dem Gesetz von Leben und Tod unterworfen. Ich lebe und werde sterben. Gleichzeitig ermöglicht diese unumstößliche Tatsache jedoch auch eine klarere Erkenntnis dessen, was Leben bedeutet. Es ist Ausdruck eines beständigen Wandlungsprozesses. Bereits Heraklit[21] 500 Jahre vor Christus sagte: „Panta rhei" - alles fließt, die Welt besteht aus einem ständigen Werden und Vergehen. Nur wer sich der ständigen Weiterbewegung anvertraut nimmt am echten Leben teil.

Märchen: Maria Morewna

In einem Reich, in einem Land lebte einmal ein Zarewitsch namens Iwan; er hatte drei Schwestern: die eine hieß Marja, die andere Olga und die dritte Anna. Ihre Eltern waren gestorben; auf ihrem Totenbett befahlen sie ihrem Sohn: „Wer zuerst um deine Schwestern freit, dem sollst du sie geben – du sollst sie nicht lange bei dir behalten!"

Iwan Zarewitsch beerdigte seine Eltern und ging in seiner Trauer mit den Schwestern in den grünen Garten hinaus. Da zog plötzlich eine schwarze Wolke am Himmel auf, ein furchtbares Gewitter brach los. „Kommt, Schwestern, wir wollen ins Haus gehen!" sagte Iwan Zarewitsch. Kaum waren sie in dem Palast, als es heftig donnerte, die Decke sich auftat und ein lichter Falke in das Gemach geflogen kam. Der Falke warf sich zu Boden, verwandelte sich in einen stattlichen Jüngling und sprach: „Guten Tag, Iwan Zarewitsch! Früher kam ich als Gast, heute komme ich als Freier: Gib mir deine Schwester Marja Zarewna zur Frau."

„Wenn du meiner Schwester lieb bist, soll es an mir nicht liegen – sie mag mit Gottes Segen deine Frau werden!" Marja Zarewna war der Freier lieb; der Falke heiratete sie und trug sie in sein Reich davon. Ein Tag folgte dem anderen, eine Stunde jagte die andere, – ein ganzes Jahr war vergangen, als wäre es nie gewesen; Iwan Zarewitsch lustwandelte mit den zwei Schwestern in dem grünen Garten. Abermals zog eine Wolke mit Sturm und Blitz am Himmel auf. „Kommt, Schwestern, wir wollen ins Haus gehen!" sagte der Zarewitsch.

Kaum waren sie im Palast, als es heftig donnerte, das Dach barst, die Decke tat sich auf, und ein Adler flog herein; er warf sich zu Boden und verwandelte sich in einen stattlichen Jüngling: „Guten Tag, Iwan Zarewitsch! Früher kam ich als Gast, heute komme ich als Freier." Und er hielt um die Hand von Olga Zarewna an.

Iwan Zarewitsch antwortete: „Wenn du Olga Zarewna lieb bist, mag sie dich heiraten; es ist ihr Wille, nicht der meine."

Olga Zarewna war der Freier lieb und sie heiratete den Adler; der Adler nahm sie auf seine Flügel und trug sie in sein Reich davon. Ein weiteres Jahr verging; da sagte Iwan Zarewitsch zu seiner jüngsten Schwester: „Komm, Schwester, wir wollen im grünen Garten lustwandeln!"

195

Eine Weile lustwandelten sie im Garten; da zog wieder eine Wolke mit Sturm und Blitz am Himmel auf. „Komm, Schwester, wir wollen ins Haus zurückkehren!"

Sie kehrten zurück und hatten sich noch nicht hingesetzt, da donnerte es, die Decke tat sich auf, und ein Rabe flog herein; der Rabe warf sich zu Boden und verwandelte sich in einen stattlichen Jüngling: Die ersten beiden schon waren schön, dieser aber war noch schöner. „Nun, Iwan Zarewitsch, früher kam ich als Gast, jetzt komme ich als Freier: Gib mir deine Schwester Anna zur Frau."

„Sie soll ihren Willen haben; bist du ihr lieb, dann soll sie dich heiraten."

Anna Zarewna heiratete den Raben, und er trug sie in sein Reich davon.

Iwan Zarewitsch blieb ganz allein zurück; ein ganzes Jahr lebte er ohne seine Schwestern, da verlangte es ihn danach, sie wiederzusehen. „Ich will", sagte er, „meine Schwestern suchen."

Er bereitete alles, was nötig war, und machte sich auf den Weg. Er wanderte, wanderte und sah: über ein weites Feld verstreut lag ein erschlagenes Heer. Da fragte Iwan Zarewitsch: „Ist hier noch ein Lebender – er gebe Antwort! Wer war es, der dieses gewaltige Heer geschlagen hat?" Und es antwortete ihm ein Lebender: „Dieses mächtige Heer schlug Marja Morewna, die schöne Königstochter." Iwan Zarewitsch ritt weiter und kam zu einem weißen Zelt, und Marja Morewna, die schöne Königstochter, trat ihm entgegen: „Guten Tag, Iwan Zarewitsch, wohin des Wegs – hast du dich aus freiem Willen aufgemacht oder nicht?"

Iwan Zarewitsch antwortete ihr: „Unfrei reitet kein rechter Recke!"

„Nun, wenn du keine Eile hast, so bist du mir ein willkommener Gast in meinen Zelten."

Iwan Zarewitsch freute sich über alle Maßen, blieb zwei Nächte in ihren Zelten, Marja Morewna gewann ihn lieb, und er heiratete sie.

Marja Morewna, die schöne Königstochter, nahm ihn mit in ihr Reich; sie lebten eine Zeitlang miteinander, da wollte die Königstochter in den Krieg ziehen; sie übergab die Herrschaft Iwan Zarewitsch und sagte: „Du musst überall hingehen und überall nach dem Rechten sehen; aber hüte dich, auch nur einen Blick in diese Kammer zu werfen!"

Er konnte sich nicht bezwingen, und sobald Marja Morewna aus dem Haus war, lief er zu der Kammer, schloß die Tür auf und sah – dort hing Kostschej der Unsterbliche an zwölf Ketten festgeschmiedet.

Kostschej bat Iwan Zarewitsch: „Erbarme dich meiner, gib mir zu trinken! Zehn Jahre darbe ich hier, habe nicht gegessen und nicht getrunken – der Hals ist mir ganz verdorrt!"

Iwan Zarewitsch brachte ihm einen vollen Eimer Wasser, er leerte ihn und bat abermals: „Mit einem Eimer kann ich meinen Durst nicht löschen, gib mir mehr!"

Iwan Zarewitsch brachte ihm den zweiten Eimer Wasser; Kostschej leerte ihn und bat um einen dritten, aber als er den dritten getrunken hatte, kehrte seine frühere Kraft zurück, er rüttelte an seinen Ketten und zerriß alle zwölf mit einem Ruck. „Habe Dank, Iwan Zarewitsch", sagte Kostschej der Unsterbliche. „Nun wirst du Marja Morewna niemals wiedersehen, ebenso wenig wie deine eigenen Ohren!"

Als schrecklicher Sturm flog er zum Fenster hinaus, holte Marja Morewna ein, packte sie und trug sie davon.

Iwan Zarewitsch weinte bitterlich, bereitete alles, was nötig war, und machte sich auf den Weg: „Was auch kommen mag – ich muss Marja Morewna wiederfinden!"

Er wanderte einen Tag, er wanderte einen zweiten Tag, und im Morgengrauen des dritten Tages erblickte er einen wunderbaren Palast. Vor dem Palast stand eine Eiche, auf der Eiche saß ein Falke. Der Falke flog vom Baum herunter, warf sich auf die Erde, verwandelte sich in einen stattlichen Jüngling und rief: „Ach, lieber Schwager! Ist Gottes Gnade mit dir?"

Marja Zarewna kam aus dem Palast gelaufen, empfing Iwan Zarewitsch mit großer Freude, fragte ihn aus und wurde des Erzählens nicht müde. Drei Tage war Iwan Zarewitsch bei ihnen zu Gast und sagte dann: „Ich kann nicht länger bei euch bleiben; ich will meine Frau, Marja Morewna, die schöne Königstochter, suchen."

„Es wird für dich kein leichtes sein, sie zu finden", sagte der Falke, „laß uns deinen silbernen Löffel; wir werden ihn ansehen und an dich denken."

Iwan Zarewitsch ließ dem Falken seinen silbernen Löffel und zog weiter. Er wanderte einen Tag, er wanderte einen zweiten Tag, und am Morgen des dritten Tages erblickte er einen Palast, der war noch prächtiger als der erste. Vor dem Schloß stand eine Eiche, auf der Eiche saß ein Adler. Der Adler flog vom Baum herunter, warf sich auf die Erde, verwandelte sich in einen stattlichen Jüngling und rief: „Wach auf, Olga Zarewna! Unser lieber Bruder ist gekommen!"

Olga Zarewna kam ihnen sogleich entgegengelaufen, umarmte und küßte ihren Bruder, fragte ihn aus und wurde des Erzählens nicht müde. Iwan Zarewitsch war drei Tage bei ihnen zu Gast und sagte dann: „Länger kann ich nicht bleiben; ich will meine Frau, Marja Morewna, die schöne Königstochter, suchen."

Der Adler sagte: „Es wird für dich kein leichtes sein, sie zu finden. Laß uns deine silberne Gabel; wir werden die Gabel ansehen und an dich denken."

Iwan Zarewitsch ließ dem Adler seine silberne Gabel und machte sich auf den Weg. Er wanderte einen Tag, er wanderte einen zweiten Tag, und im Morgengrauen des dritten Tages sah er ein Schloß, das war noch prächtiger als die beiden ersten. Vor dem Schloß stand eine Eiche, auf der Eiche saß ein Rabe. Der Rabe flog von der Eiche herunter, warf sich auf die Erde, verwandelte sich in einen stattlichen Jüngling und rief: „Anna Zarewna, beeile dich! Unser lieber Bruder ist gekommen!"

Anna Zarewna kam aus dem Palast gelaufen, empfing ihn mit großer Freude, küßte ihn, umarmte ihn, fragte ihn aus und wurde des Erzählens nicht müde. Iwan Zarewitsch war drei Tage bei ihnen zu Gast und sagte dann: „Lebt wohl! Ich will weiter wandern und meine Frau, Marja Morewna, die schöne Königstochter, suchen."

Der Rabe sagte: „Es wird für dich kein leichtes sein, sie zu finden. Laß uns deine silberne Tabakdose; wir werden sie ansehen und an dich denken."

Iwan Zarewitsch gab ihm seine silberne Tabaksdose, nahm Abschied und machte sich auf den Weg. Er wanderte einen Tag, er wanderte einen zweiten Tag, und am dritten Tag war er bei seiner Frau Marja Morewna angelangt. Sie erblickte ihren Liebsten, warf sich an seine Brust, weinte und sprach: „Ach, Iwan Zarewitsch, warum hast du nicht auf mich gehört – warum hast du die Kammer aufgeschlossen und Kostschej den Unsterblichen befreit?"

„Vergib mir, Marja Morewna! Laß gewesen sein, was gewesen ist, und komm jetzt mit mir, solange Kostschej der Unsterbliche nicht zu Hause ist. Vielleicht können wir ihm entkommen!" Sie brachen eilig auf.

Kostschej war unterdessen auf der Jagd. Als er am Abend nach Hause ritt, strauchelte sein Roß bei jedem Tritt: „Du strauchelst, hungrige Mähre? Oder witterst du Unheil?"

Das Pferd antwortete: „Iwan Zarewitsch war hier. Er hat Marja Morewna geholt."

„Können wir sie einholen?"

„Wir könnten Weizen säen, reifen lassen, mähen, dreschen, mahlen, fünf Backöfen voll Brot backen, das Brot aufessen und uns dann zur Verfolgung aufmachen – und kämen immer noch zur rechten Zeit."

Kostschej sprengte den beiden nach und holte Iwan Zarewitsch ein: „Das erste Mal", sagte er, „will ich dir verzeihen um deiner Güte *willen, weil du mir Wasser zu trinken gegeben hast; auch ein zweites Mal werde ich dir verzeihen. Aber beim dritten Mal werde ich dich zerstückeln – nimm dich in acht!" Kostschej entriß ihm Marja Morewna und ritt mit ihr davon; und Iwan Zarewitsch setzte sich auf einen Stein und weinte.*

Er weinte und weinte, dann stand er auf und kehrte zu Marja Morewna zurück. Kostschej der Unsterbliche war nicht zu Hause. „Komm mit mir, Marja Morewna."

„Ach, Iwan Zarewitsch, er wird uns einholen!"

„Und wenn er uns einholt, so sind wir doch ein oder zwei Stündlein beisammen!"

Sie brachen eilig auf Als Kostschej nach Hause ritt, strauchelte sein Roß bei jedem Tritt. „Du strauchelst, hungrige Mähre, oder witterst du Unheil?"

„Iwan Zarewitsch war hier, er hat Marja Morewna geholt."

„Können wir sie einholen?"

„Wir könnten Gerste säen, wachsen und reifen lassen, ernten, dreschen, Bier brauen, eins über den Durst trinken, den Rausch ausschlafen und uns dann zur Verfolgung aufmachen und kämen immer noch zur rechten Zeit!"

Kostschej sprengte den beiden nach und holte Iwan Zarewitsch ein: „Ich habe dir doch gesagt, du sollst Marja Morewna ebenso wenig sehen wie deine Ohren!" Kostschej entriß sie ihm und ritt mit ihr zurück.

Iwan Zarewitsch blieb allein, er weinte und weinte und kehrte abermals zu Marja Morewna zurück; um diese Zeit war Kostschej nicht zu Hause. „Komm mit mir, Marja Morewna!"

„Ach, Iwan Zarewitsch! Er wird uns doch einholen und dich in Stücke hacken!"

„Und wenn er mich in Stücke hackt! Ich kann ohne dich nicht leben."

Sie rüsteten sich und brachen auf. Als Kostschej am Abend nach Hause ritt, strauchelte sein Pferd bei jedem Schritt. „Warum strauchelst du? Witterst du Unheil?"

200

„Iwan Zarewitsch war hier, er hat Marja Morewna geholt."

Kostschej ritt den beiden nach, holte Iwan Zarewitsch ein, zerstückelte ihn und tat den zerstückelten Leib in ein geteertes Faß. Um dieses Faß schlug er eiserne Reifen und warf es in das blaue Meer. Marja Morewna aber nahm er wieder mit.

Um diese Zeit lief das Silber bei den Schwägern von Iwan Zarewitsch schwarz an. „Ach", sagten sie, „offenbar ist ihm ein Unglück zugestoßen!"

Der Adler kreiste über dem blauen Meer, sah das Faß und zog es ans Ufer, der Falke holte das Wasser des Lebens und der Rabe das Wasser des Todes. Sie trafen sich alle drei an einem Ort, zerschlugen das Faß, holten die Stücke heraus, wuschen sie und setzten sie zusammen, wie es sich gehört. Der Rabe besprengte sie mit dem Wasser des Todes – die Stücke wuchsen zusammen, der Leib nahm seine frühere Gestalt an; der Falke besprengte ihn mit dem Wasser des Lebens; Iwan Zarewitsch schauerte, erhob sich und sagte: „Ach, habe ich aber lange geschlafen!"

„Wenn wir nicht wären, hättest du noch länger geschlafen", sagten seine Schwäger. „Komm mit uns und sei unser Gast."

„Nein, Brüder, ich will Marja Morewna suchen!"

Er kam zu ihr und bat: „Frage Kostschej den Unsterblichen, woher er sein braves Pferd hat."

Marja Morewna wartete einen günstigen Augenblick ab und begann Kostschej auszufragen. Kostschej sagte: „Hinter den dreimal neun Ländern, in dem dreimal zehnten Reich, hinter dem Feuerfluß lebt die Baba Jaga; sie hat eine Stute. Auf dieser Stute fliegt sie täglich um die ganze Welt. Sie hat auch noch viele andere Stuten, ich habe ihr drei Tage als Pferdehirt gedient und dabei keine einzige Stute verloren. Dafür hat die Baba Jaga mir ein Fohlen gegeben."

„Und wie bist du über den Feuerfluß gekommen?"

„Ich habe ein Tüchlein – wenn ich dieses Tüchlein dreimal nach rechts schwenke, erscheint eine hohe Brücke, so hoch, dass die Flammen ihr nichts anhaben können!"

Marja Morewna hörte sich alles an, erzählte es Iwan Zarewitsch, und auch das Tuch gab sie ihm, nachdem sie es Kostschej heimlich entwendet hatte.

Iwan Zarewitsch kam wohlbehalten über den Fluß und ging weiter zu der Baba Jaga. Er wanderte lange und hatte nichts zu essen und zu trinken. Da begegnete er einem nie gesehenen Vogel mit seinen Küken. Iwan Zarewitsch sagte: „Ich will wenigstens ein Küken essen."

„Iß es nicht, Iwan Zarewitsch!" bat ihn der Vogel. „Die Zeit kommt, da du mich brauchen wirst."

Iwan Zarewitsch wanderte weiter, da sah er im Wald einen Bienenstock. „Ich will", sagte er, „mir ein bißchen Honig holen."

Aber da hörte er, wie die Bienenkönigin bat: „Laß mir meinen Honig, Iwan Zarewitsch. Die Zeit kommt, da du mich brauchen wirst."

Er rührte den Honig nicht an und wanderte weiter. Da begegnete ihm eine Löwin mit ihrem Jungen. „Ich will wenigstens dieses Löwenjunge schlachten; mir ist ganz elend vor Hunger."

„Laß mir mein Junges, Iwan Zarewitsch", bat ihn die Löwin. „Die Zeit kommt, da du mich brauchen wirst."

„Gut, es soll so sein, wie du sagst!"

Er wanderte hungrig weiter und musste noch lange, lange gehen, bis er an das Haus der Baba Jaga kam. Um das Haus herum standen zwölf Pfähle, auf elf Pfählen waren Menschenköpfe aufgespießt, nur auf dem letzten nicht. „Guten Tag, Großmutter!"

„Guten Tag, Iwan Zarewitsch! Weshalb bist du gekommen? Aus freiem Willen oder aus Not?"

„Ich will bei dir dienen und dafür sollst du mir ein Heldenroß geben."

„Wie du wünschst, Zarewitsch! Du brauchst bei mir kein ganzes Jahr, sondern nur drei Tage zu dienen; wenn du meine Stuten gut *hütest, bekommst du von mir das Heldenroß, wenn nicht, dann bist du selber schuld, und dein Kopf wird auf den letzten Pfahl gespießt."*

Iwan Zarewitsch willigte ein; die Baba Jaga gab ihm zu essen und zu trinken und schickte ihn dann an die Arbeit. Kaum hatte er die Stuten ins Feld getrieben, da stellten sie ihre Schweife auf und verstreuten sich über die Wiesen; sie verschwanden schneller, als er ihnen mit dem Blick folgen konnte. Da weinte Iwan Zarewitsch, setzte sich auf einen Stein, grämte sich und schlief ein. Die Sonne ging bereits unter, als der nie gesehene Vogel geflogen kam und ihn weckte: „Wach auf, Iwan Zarewitsch! Die Stuten sind schon im Stall."

Iwan Zarewitsch erhob sich und ging nach Hause; da hörte er, wie die Baba Jaga mit ihren Stuten zürnte und schimpfte: „Warum seid ihr nach Hause gekommen?"

„Was konnten wir anderes tun? Vögel aus aller Welt kamen herbeigeflogen und haben uns beinahe die Augen ausgepickt."

„Dann müßt ihr euch morgen nicht mehr über die Wiesen verstreuen, sondern in dem dunklen Wald verstecken."

In der Nacht schlief Iwan Zarewitsch fest; am Morgen sagte die Baba Jaga: „Nimm dich in acht, Zarewitsch, wenn dir auch nur eine einzige Stute verlorengeht, kommt dein Kopf auf den Pfahl!"

Iwan Zarewitsch trieb die Stuten ins Freie; sogleich stellten sie ihre Schweife auf, liefen in den dunklen Wald und verschwanden im Dickicht. Abermals setzte sich der Zarewitsch auf einen Stein, weinte, grämte sich und schlief schließlich ein. Die Sonne ging hinter dem Wald unter, als die Löwin herbeigelaufen kam: „Wach auf, Iwan Zarewitsch! Die Stuten sind schon im Stall."

Iwan Zarewitsch erhob sich und ging nach Hause; die Baba Jaga war noch zorniger und schrie ihre Stuten an: „Warum seid ihr nach Hause gekommen?"

„Was konnten wir anderes tun? Wilde Tiere aus aller Welt kamen herbeigelaufen und haben uns beinahe zerfleischt." „Nun, dann müßt ihr morgen in dem blauen Meer untertauchen."

Iwan Zarewitsch legte sich abermals zur Ruhe und schlief ein; am nächsten Morgen schickte ihn die Baba Jaga die Stuten hüten: „Wenn du auch nur eine verlierst, kommt dein Kopf auf den Pfahl."

Er trieb die Stuten ins Feld hinaus; sofort hoben sie ihre Schweife, stürmten davon und sprangen in das blaue Meer; dort blieben sie stehen, bis zum Halse im Wasser. Iwan Zarewitsch setzte sich auf einen Stein, weinte und schlief ein. Die Sonne ging hinter dem Wald unter, als ein Bienchen geflogen kam und sprach: „Wach auf, Zarewitsch, die Stuten sind alle im Stall; wenn du nach Hause kommst, darfst du der Baba Jaga nicht vor die Augen treten, sondern musst dich unbemerkt in den Pferdestall schleichen und dich hinter der Krippe verstecken. Dort liegt im Mist ein räudiges Fohlen; nimm es und mach dich um Mitternacht davon."

Iwan Zarewitsch erhob sich, schlich unbemerkt in den Pferdestall und versteckte sich hinter der Krippe. Die Baba Jaga zankte und schimpfte mit ihren Stuten: „Warum seid ihr nach Hause gekommen?"

„Was konnten wir anderes tun? Bienen aus aller Welt schwärmten herbei und haben uns überall blutig gestochen!"

Die Baba Jaga schlief ein, und genau um Mitternacht holte Iwan Zarewitsch das räudige Fohlen aus dem Stall, sattelte es und ritt zu dem Feuerfluß. Als er am Ufer angelangt war, schwenkte er dreimal das Tüchlein nach rechts – plötzlich, woher auch immer, wölbte sich eine herrliche hohe Brücke über den Fluß. Iwan Zarewitsch ritt über die Brücke auf das andere Ufer und schwenkte dort das Tüchlein nach links, aber nur zweimal – die Brücke blieb, aber nun war sie hauchdünn!

Am nächsten Morgen wachte die Baba Jaga auf das räudige Fohlen war fort. Sie machte sich sofort auf den Weg und verfolgte Iwan Zarewitsch; so schnell sie konnte, flog sie in ihrem eisernen Mörser dahin, trieb ihn mit dem Stößel an und wischte die Spur mit dem Ofenbesen aus. Sie kam bis zu dem Feuerfluß, sah die Brücke und dachte: „Die Brücke ist gut!" Als sie mitten auf der Brücke war, stürzte die Brücke ein, und die Baba Jaga plumpste in den Fluß. Dort fand sie ein schreckliches Ende! Iwan Zarewitsch ließ sein Fohlen auf grünen Wiesen weiden; und aus dem Fohlen wurde ein wunderbares Pferd.

Iwan Zarewitsch ritt zu Marja Morewna zurück; sie kam ihm entgegengelaufen und warf sich ihm an die Brust: „Wie war es möglich, dass Gott dich auferstehen ließ?"

„So und so war es", erzählte er. „Komm mit mir!"

„Ich fürchte mich, Iwan Zarewitsch! Wenn Kostschej uns einholt, wird er dich wieder zerstückeln."

„Nein, er wird uns nicht einholen! Jetzt habe ich ein prächtiges Heldenroß, es fliegt wie ein Vogel durch die Lüfte." Sie saßen auf und ritten davon. Als Kostschej am Abend nach Hause ritt, strauchelte sein Pferd bei jedem Tritt. „Du strauchelst, hungrige Mähre, oder witterst du Unheil?"

„Iwan Zarewitsch war hier, er hat Marja Morewna geholt."

„Können wir sie einholen?"

„Gott mag es wissen! Jetzt hat Iwan Zarewitsch ein Roß, das besser ist, als ich es bin."

„Nein, das kann ich nicht dulden", sagte Kostschej. „Ich reite ihm nach." Ob es lange währte oder kurz – er holte Iwan Zarewitsch ein, saß ab und schwang schon seinen scharfen Säbel; aber das Pferd von Iwan Zarewitsch schlug mit großer Macht gegen Kostschej aus und zertrümmerte ihm den Schädel, und Iwan Zarewitsch machte ihm mit seiner Keule den Garaus. Darauf schichtete Iwan Zarewitsch einen Holzstoß auf, zündete ihn an, verbrannte Kostschej und streute seine Asche in den Wind. Marja Morewna stieg auf das Pferd von Kostschej, Iwan Zarewitsch auf das seine, und sie ritten zuerst zu dem

Raben, dann zu dem Adler und schließlich zu dem Falken. Wohin sie auch kamen, überall wurden sie mit großer Freude empfangen. „Ach, Iwan Zarewitsch, wir hofften nicht mehr, dich jemals wiederzusehen. Aber deine Mühe war nicht umsonst. Solch eine Schönheit wie Marja Morewna findet man nicht zum zweiten Mal auf der ganzen Welt." Überall blieben sie eine Weile zu Gast, feierten und ritten schließlich in ihr Reich zurück; sie kamen wohlbehalten dort an, lebten herrlich und in Freuden, das Gute mehrte sich und der Met ging nie aus.

Das russische Märchen schildert in vielen farbigen Bildern jenen Weg der ständigen Bewegung und Veränderung: Es gibt die Wandlung vom Tier zum Menschen, von Macht zu Ohnmacht, von Schwach zu Stark und natürlich auch immer den umgekehrten Weg. Und die alles wandelnde und lösende Kraft, die ein Leben lang durch alle Schwierigkeiten und Veränderungen begleiten und stärken kann, ist die Liebe. Diese Macht ist archetypisch, besungen im Hohen Lied des Alten Testamentes unter dem Aspekt der persönlichen Liebesbeziehung. Sie gewinnt eine weitere Dimension im Auftrag Christi, den Mitmenschen zu lieben wie sich selbst und sie wird im Korintherbrief zu einer alle und alles verbindenden Botschaft. Ohne Liebe wird das persönliche Leben zu einer mehr oder minder sinnlosen Anreicherung von Erlebnissen, die sich in Schall und Rauch auflösen. Die Liebe erhellt und erwärmt nicht nur Beziehungen und lässt ihre einmalige Schönheit aufblühen. Sie ist auch das, was gemäß der modernen Hirnforschung unserem Gehirn eine beständige Erneuerung ermöglicht.[22]
Der Zarewitsch erhält von den sterbenden Eltern den Auftrag, seine Schwestern zu verheiraten. Mit Blitz und Don-

ner, gewissermaßen gewaltsam, bricht der erste Freier in den Palast, nachdem die Geschwister vorher harmonisch im grünen Garten lustwandelten. Hier wird in der Bildersprache gezeigt, wie das Erwachsenwerden, symbolisch in der Heiratsfähigkeit ausgedrückt, ein Einbruch in den harmonischen grünen Garten der Kindheit ist. Die neue Bezogenheit ist zwangsläufig auch mit Trauer und Tränen verbunden. Dies bildet sich in der Pause von je einem Jahr ab, die zwischen den Begegnungen der Schwestern mit ihren Freiern liegt. Auch wir sprechen immer noch nach einem Verlust von einem Trauerjahr. Stellt man den Bezug zum Märchen „Jugend ohne Alter, Leben ohne Tod" her, dann mag das nicht enden wollende Tal der Tränen, das der Prinz vermeiden sollte, genau das ausdrücken: Wenn ich mich der Trauer, die Veränderung immer begleitet, nicht stelle, bricht die Depression als Verlust von Lebendigkeit über mich herein.

Die Freier in ihrer Vogelidentität könnten als Repräsentanten von Eigenschaften verstanden werden, die auf dem Weg zur menschlichen Reife entwickelt werden wollen.

Der erste Bräutigam kommt zunächst als Falke, bevor er sich in einer Kreisbewegung zum schönen Mann wandelt. Der Falke, ein Raubvogel, ist mächtig und eindrucksvoll. Sein wichtigstes Merkmal sind die scharfen Augen, die die Beute aus großer Entfernung erspähen. Er kann jedoch noch vom Menschen gezähmt, beherrscht werden. Er mag damit die Bereitschaft symbolisieren, sich einem als sinnvoll erachteten Willen unterzuordnenden. Es könnte hier auf eine Haltung hingewiesen werden, die heute, in einer Zeit der „Machbarkeit" oft in den Hintergrund getreten ist: Demut. Wir verfügen als Menschen über beeindruckende Fähigkeiten und doch gibt es eine Macht, die uns in Händen hält und uns immer wieder auch unsere Grenzen aufzeigt. Omnipotenz ist Ausdruck eines unreifen Selbstgefühls.

Nach einem Jahr deutet sich ein weiterer Entwicklungsschritt an. Die Schwestern und der Zarewitsch ziehen sich vor dem drohenden Gewitter ins Haus zurück. Hier, in der scheinbaren Geborgenheit birst das Dach, die Decke, Hinweis auf Gefühle bisheriger Geborgenheit, die brüchig werden. Ein Adler stürzt herab und wandelt sich, indem er den Boden berührt, ebenfalls in einen schönen jungen Mann. Der Adler, ein wahrhaft majestätischer Vogel, dürfte Macht, Unabhängigkeit und Eigenständigkeit symbolisieren. Er erhebt sich in Freiheit in die Lüfte, ist niemandem untertan und zeichnet sich darüber hinaus durch seine überaus scharfen Augen aus. Mit diesem Adler-Bräutigam mag auf einen zweiten Aspekt der Entwicklung zur Reife hingewiesen sein. Es geht um den Mut zur persönlichen Freiheit, um die Unabhängigkeit von dem, was die Menge denkt, fühlt, meint. Mit klarem Blick, mit weitem Horizont gilt es, Wesentliches von Unwesentlichem zu unterscheiden. „Mensch werde wesentlich", sagt schon der Mystiker Angelus Silesius.[23]

Wieder vergeht ein Jahr. Wieder flüchtet der Zarewitsch mit seiner jüngsten Schwester vor einem drohenden Gewitter ins Haus. Und wieder öffnet sich der Palast, ein Rabe stürzt auf die Erde und wandelt sich in den schönsten Jüngling. Hinter dem Attribut der Schönheit dürfen wir einen hohen Wert vermuten. Der Rabe ist aus der Perspektive der Mythen ein weises Tier. Odin[24], der germanische höchste Gott hatte auf seinen Schultern zwei Raben, die ihm die Weisheit der Welt ins Ohr flüsterten. Weisheit ist nur über den langen Prozess des Lebens zu erringen. Es gehört dazu, Lebenserfahrung in hellen und dunklen Stunden, Freude und Leid erlebt und verarbeitet zu haben. So vollzieht sich Gelassenheit, ein Loslassen von jeder besserwisserischen Klugheit, die glaubt, das Leben nach eigenen Vorstellungen manipulieren zu können.

Jede der Schwestern folgt ihrem Mann aus Liebe. Die Freiwilligkeit als Bereitschaft, sich weiter zu entwickeln, wird damit unterstrichen. Der Weg zur Reife kann nicht von außen bestimmt werden. Ich kann mich dafür nur in Freiheit entscheiden wollen.

Ein Jahr lang bleibt der Zarewitsch allein, konzentriert sich offenbar auf sich selbst. Man könnte dahinter eine heilsame Regression vermuten, um eigenen Entwicklungsnotwendigkeiten, die sich über die Vogelmänner seiner Schwestern andeuteten, zu erspüren.

Dann wandert er los, um seine Schwestern zu suchen. Vermutlich steht dahinter der Wunsch, sich die drei wichtigen Eigenschaften, die seine Schwager symbolisch repräsentieren, zu eigen zu machen. Aber der Weg zur Reife ist nie schnurgerade. Manchmal verlieren sich Ziele, der Blickwinkel verändert sich und oft gelingt es erst nach manchen Irrungen und Wirrungen, den einst eingeschlagenen Weg wieder zu finden.

So auch der Zarewitsch: Unterwegs begegnet er über die Spuren eines erschlagenen Heeres einer starken und mächtigen Frau. Man kann davon ausgehen, dass diese Begegnung des Helden mit Marja Morewna, der Königstochter, Ausdruck einer wechselseitigen Faszination ist, die sich als Projektion des je idealen männlichen, beziehungsweise weiblichen Inbildes erklären lässt. Immer wieder wird dieses Phänomen als Spiegel einer archetypischen Wirklichkeit in Märchen beschrieben: Die Analytische Psychologie geht davon aus, dass der Mann ein Idealbild des Weiblichen, die Anima, die Frau jenes des Männlichen, den Animus, in sich trägt. Beide sollten jedoch nicht mit einer äußeren Begegnung gleichgesetzt werden. Sie sind vielmehr Herausforderung, innere Kräfte zu entfalten: Die Frau ihre geistigen Möglichkeiten, der Mann seine Gemütskräfte. In der ausschließlichen Projektion dieser Inbilder auf äußere Begegnungen stagniert die notwendige individuelle Entwicklung. Es kommt zum Stillstand und zur komplexhaften Verwicklung, wie es schon im Märchen von „Schwester oder Braut" sichtbar geworden ist.

Noch scheint es jedoch der Beginn einer glücklichen Geschichte. Der Zarewitsch und Marja Morewna heiraten und ziehen in das Reich der schönen Königstochter. Sie will jedoch nach einiger Zeit wieder in den Krieg ziehen und übergibt ihm stellvertretend die Herrschaft. Nun vollzieht sich ein Geschehen, das aus den verschiedenen Blaubart-Märchen in umgekehrter Form bekannt ist. Marja Morewna verbietet dem Zarewitsch das Öffnen einer Tür. Hinter der verbotenen Tür ist zumeist ein persönliches Geheimnis des Verbietenden verborgen. Es ist die eigene dunkle Seite, dort, wo ungelöste Probleme oder Komplexe verdrängt lauern.Und was ist es, was der Zarewitsch entdeckt? Es ist Kostschej der Unsterbliche, der an 12 Ketten festgeschmiedet ist. Unwillkürlich drängt sich dazu die Parallele von Prometheus[25] auf, dem Titanen, der an den Kaukasus geschmiedet wurde. Er wollte der leidenden Menschheit das Feuer bringen und sie dadurch gleichzeitig unsterblich machen, denn das Feuer war das Vorrecht der Götter.

Kostschej der Unsterbliche bittet dreimal um Wasser. In unreflektiertem Mitleid gibt der Zarewitsch ihm das Gewünschte und ermöglicht ihm damit, sich aus den Ketten zu befreien. Gleichzeitig nimmt er die Geliebte, die starke Königstochter, mit sich.

Könnte dahinter stehen, dass Marja Morewna hinter der verbotenen Tür ihr Geheimnis der inzestuösen Bindung an den Vater verbirgt? Liegt ihre Stärke und Schwäche in der Abhängigkeit vom Vater, der für sie der Größte einerseits ist, andererseits der, den sie in Ketten legen muss, um ihre eigene Stärke leben zu können? Mit der Befreiung des „Vaters", der in kindlicher Perspektive immer ein unsterblicher Gott ist, verliert Marja Morewna ihre Stärke. Sie wird eine schwache und abhängige Frau und muss sich Kostschej dem Unsterblichen unterwerfen.

Auf der verzweifelten Suche nach der Königstochter begegnet der Zarewitsch wie von ungefähr seinem Schwager, dem Falken, der auf einer Eiche sitzt. Er trifft damit auf den ersten Aspekt seiner Selbstsuche. Wieder spielt die Zahl Drei eine wichtige Rolle, wenn der Zarewitsch sich drei Tage des Wiedersehens freut, bevor er weiter wandert. Als Unterpfand seiner Sicherheit lässt er einen silbernen Löffel zurück. Der Löffel nimmt etwas auf, bewahrt es in einer stabilen Höhlung und garantiert so sichere Ernährung. Damit symbolisiert er möglicherweise eine frühe Geborgenheit.

Der Weg führt Iwan Zarewitsch, erst der Kostschej nannte ihn bei seinem persönlichen Namen, zu seinem zweiten Schwager, dem Adler. Auch hier verharrt der Prinz drei

Tage, vordergründig, um sich des Wiedersehens zu freuen. Aus symbolischer Perspektive mag er in diesen Tagen der Entwicklung etwas aufnehmen von der Macht und Stärke des Adlers, seiner Fähigkeit des Weitblicks und seiner Unabhängigkeit. Diesmal hinterlässt Iwan eine silberne Gabel. Dieses Unterpfand passt zu den Adleraugen, die mit ihrem Blick die Beute förmlich aufspießen können.

Die dritte Begegnung findet mit dem Raben, dem Mann seiner Schwester im prächtigsten Palast statt. Wieder freuen sie sich der Gemeinsamkeit und auch hier scheint der Prinz mit seinem Verharren etwas von der Begabung und den Fähigkeiten des Raben, seiner Klugheit zu verinnerlichen. Er soll diesmal seine silberne Tabaksdose hinterlassen. Tabak und Rauchen, das könnte auf etwas Ähnliches hinweisen, das der Rabe selbst repräsentiert. Der Rauch, der in die Luft steigt, häufig mit dem Moment der Initiation und des Opfers verbunden, weist in den geistigen, den transzendenten Raum. Die drei Schwäger in ihrer Tier- und Menschengestalt sind damit auch in der gefährlichen Zukunft Garant für Sicherheit, Persönlichkeitsentfaltung und Reife. Gleichzeitig verfügen sie, und damit potenziell auch der Held, über das Wissen um Gefahren, die jeden Entwicklungsweg begleiten.

Iwan Zarewitsch findet schließlich den Palast seines Gegenspielers. Das Wiedersehen der beiden Liebenden ist mit Tränen und Vorwurf verbunden, aber der Zarewitsch erinnert an seine Liebe und damit fliehen sie gemeinsam vor dem Repräsentanten einer überstarken Männlichkeit. Dieser ist inzwischen auf der Jagd. Bei seiner Rückkehr strauchelt sein Pferd, das, besonders ausgestattet, die Flucht des Paares sieht, aber den Kostschej gleichermaßen beruhigt. Weizen sähen, reifen lassen, dreschen, mahlen, fünf Backöfen voll Brot backen, alles essen, selbst dann würde die Verfolgung noch glücken. Was wird damit ausgedrückt?

Der Kostschej verfügt über eine umfassende Macht, die sich möglicherweise aus ganz archaischen Kräften speist. Weizen als Grundnahrungsmittel und Symbol eines guten weiblichen Prinzips steht ihm ganz zur Verfügung. Er kann sich dessen in aller Ruhe bedienen und würde trotzdem erfolgreicher Verfolger sein. In dieser Gewissheit erreicht er den Zarewitsch und raubt Marja Morewna zurück. Vielleicht steht dahinter, dass die archetypischen Bilder noch übermächtig wirksam sind, weil das Ich der beiden Liebenden noch nicht ausreichend gereift ist. Ihre Stärke scheint zu wenig belastbar, sodass eine Zweisamkeit auf der Erwachsenenstufe nicht von Dauer sein kann. Ein zweites Mal vollzieht sich eine ähnliche Situation. Mann und Frau, um es auf eine allgemein gültige Ebene zu heben, sind in ihrer Liebe zueinander so symbiotisch verbunden, dass sie die Realität als solche nicht wahrnehmen oder gering schätzen. Wieder weiß das Pferd des Kostschej von ihrer Überlegenheit: Gerste sähen, wachsen lassen, reifen, dreschen, Bier brauen, sich berauschen und den Rausch ausschlafen, all das ist möglich und trotzdem ist das Paar einzuholen. Bier, auf der Basis der Mutter Erde zählt zu den „geistigen" Getränken. Der Rausch ist sowohl Versuch, eine andere Seinsform zu erleben, als auch unbewusst zu werden, „abzustürzen", wie es die Jugendlichen heute formulieren. Hier mag die Bedrohung des Individuums angesprochen sein, im Macht-Rausch vernichtet zu werden.

Ein zweites Mal holt der Kostschej die Liebenden ein, verschont den Zarewitsch erneut, verkündet jedoch beim dritten Mal den Tod durch Zerstückelung. Dieses Motiv findet sich immer wieder, wenn es um Neuanfang oder Wandlung im weitesten Sinne geht. Berühmtestes Beispiel ist der Mythos von Osiris[26], dem Fruchtbarkeitsgott, der von seinem eifersüchtigen Bruder Seth, dem Gott der Wüste, zerstückelt und die Teile weit verstreut wurden. Hinter dem tödlichen Tun verbirgt sich jedoch der Lebensimpuls. Mit den Teilen wird sinnbildlich Fruchtbarkeit über weite Teile des Landes verbreitet. Individuell entsteht neues Leben, indem die göttliche Schwester-Gemahlin Isis die Teile zusammen sucht und zu einem neuen Ganzen verbindet. Zerstückelung gehört damit zu den Todesmysterien, Voraussetzung für Wandlung und Neuwerdung.

Der Zarewitsch wird nun zum dritten Mal vom Kostschej eingeholt, zerstückelt und in einem Fass ins Meer geworfen. Nun zeigen sich die Schwager als lebensrettend und gleichzeitig als Unterstützer des Wandlungsgeschehens. Der Adler erspäht das Fass, der Rabe holt das Todeswasser und der Falke das Lebenswasser. Innerpsychisch wird damit erneut die Notwendigkeit, Leben und Tod als zusammengehörig zu verstehen, unterstrichen. Das Todeswasser hilft, die Teile zu einem Ganzen zusammenzufügen. Damit wird auf geheimnisvolle Weise der Tod als Ganzheitssymbol angesprochen. Ähnlich wie in den ägyptischen Todesmysterien ist erneutes Leben nur im Überschreiten der Schwelle zum Tod möglich. Erst wenn mithilfe des Todeswassers eine Ganzheit erreicht ist, kann das Lebenswasser zum Leben erwecken. Bezeichnend in diesem Zusammenhang ist, dass der Rabe als Vertreter der Weisheit für das

Todeswasser zuständig ist. Es braucht offenbar diese Fähigkeit zur Innenschau, die Bereitschaft, sich mit der eigenen Sterblichkeit auseinanderzusetzen, um zu leben. Und so erwacht der Zarewitsch staunend zu diesem neuen Leben. Ohne die Hilfe der Vögel hätte er, wie sie sagen, ewig geschlafen. Diese Aussage soll dem Helden aus der klaren Übersicht der Vögel vermitteln, dass er trotz aller bewussten Anstrengungen hinsichtlich seiner eigenen Entwicklung noch sehr unbewusst gewesen ist. Nun muss, wie in einem neuen und sehr klaren Werdegang, der eigentliche Erlösungsweg beschritten werden. Und dieser verlangt die Auseinandersetzung mit dem übermächtigen Weiblichen. Um Marja Morewna wirklich zu gewinnen, muss der Held seine eigene unbewusste Mutterthematik lösen, für die die Baba Yaga nur ein äußeres Bild ist. Aus eigener Kraft ist es Iwan jedoch nicht möglich. Er braucht die List seiner noch zu erlösenden Frau, die in der Sprache der Analytischen Psychologie seine Anima ist. Diese, dem Zarewitsch noch weitgehend unbewusste Seite, die er bisher auf seine Frau in idealisierender Weise projiziert hat, muss statt zu faszinieren real werden. Marja Morewna wird jetzt eigenständig handelnde Person. Sie entlockt dem Kostschej das Geheimnis seiner Macht, die das wissende und schnelle Pferd symbolisiert. Damit entwickelt sich auch in Iwan eine fühlende Eigenständigkeit, die ihm erlaubt, sich ins Zentrum der Gefahr, in den Bannkreis der Baba Yaga zu wagen und ihr zu dienen.

Auf dem Weg dorthin ist er nicht mehr der überlegene Held, sondern ist ganz hilfloser Mensch, er leidet Hunger. Die ihm begegnenden Tiere, die er mitfühlend schont, symbolisieren Kräfte des Gemütes, die er auf seinem Entwicklungsweg, in der Auseinandersetzung mit seinem Mutter-komplex dringend braucht: Löwenkräfte und Bienenfleiß sind notwendig, um die lähmenden und Autonomie aus-löschenden Qualitäten einer unbewussten Mutterimago zu bannen.

Als Aufgabe richtet die Hexe an Iwan die Forderung, eine Herde wilder Pferde zu hüten. Verstehen wir die Herde als Ausdruck seiner noch ungezähmten, ungestümen männ-lichen Kräfte, dann steckt dahinter eine tatsächliche Not-wendigkeit. Der Zarewitsch soll diese Kräfte nicht einfach ausagieren, was möglicherweise sein Tun im ersten Weg der Selbstwerdung charakterisierte, sondern die Kräfte do-mestizieren. Noch gelingt ihm das offenbar nicht. So bleibt ihm in seiner Hilflosigkeit nur Trauer und Verzweiflung.

Ähnlich geht es wohl vielen Menschen, wenn sie erahnen, was sie tun sollten, um das innere Gleichgewicht zu erlan-gen und trotzdem nicht in der Lage sind, das umzusetzen, was sie erkennen. Das mag für manche der Hintergrund einer depressiven Verstimmung sein.

Dreimal bekommt der Held in seiner Angst und Unsicher-heit Hilfestellung durch die Tiere, die er geschont hat. Sie dürften gleichzeitig aber auch für neu entdeckte eigene Fä-higkeiten stehen. Mit ihrer Hilfe, als Ausdruck veränderter Perspektiven, kann der Zarewitsch klar urteilen. Er nimmt sich als Belohnung nicht das äußerlich prachtvollste Pferd, sondern erkennt den wahren Wert individueller Eigen-ständigkeit im vordergründig Minderwertigen. Das ent-spricht der von C. G. Jung thematisierten Aufgabe, seinen eigenen Schatten anzunehmen. Nochmals, es sind die un-geliebten, schmuddeligen und ungepflegten Eigenschaf-ten, die im Abseits ein Schattendasein fristen! Werden sie in ihrer Bedeutung erkannt, dürfen sie ans Licht kommen, entfalten sie ihre vitalen Möglichkeiten und sind dann dem überlegen, was aus bewusster Wahrnehmung wertvoller erscheint. Es gelingt dem Zarewitsch auf dem erstarkten Pferd, das heißt über die Integration seiner Schattenseite, der Baba Yaga zu entfliehen. Um das Mutterproblem, das zu verfolgen droht, wirklich zu bewältigen, braucht es erneut List. Mithilfe des Zaubertuches kann Iwan sich selbst eine tragfähige Brücke zu Beziehung und lebendiger Partnerschaft bauen. Parallel dazu löst er die eigentliche Aufgabe, nämlich die Brücke zur Muttergebundenheit so zu schwächen, dass diese Instanz machtlos wird, was ihr Abstürzen in den Tod versinnbildlicht.

Erst jetzt ist der Zarewitsch dem übermächtig Männlichen gewachsen. Jetzt kann er sowohl mit Marja erfolgreich fliehen, als auch dem Kostschej standhalten und ihn töten.

Dominante Elternbilder haben nun keine entscheidende, lebensauslöschende Macht, weder über ihn noch über Marja Morewna. Beide sind im Erahnen einer ähnlichen Problematik einen sich wechselseitig unterstützenden Erlösungsweg gegangen. Damit sind sie reif geworden für eine bezogene Partnerschaft, die den anderen in seiner tatsächlichen Persönlichkeit meint. Das ist lebendiges Leben, das Tod als Wandlung und Neuwerdung verstanden hat.

GEDANKEN ZUM SCHLUSS

Die Märchen haben in teils drastischen Bildern einen weiten Horizont eröffnet. Die Geheimnisse um das Leben in all seinen Facetten, die Welt denkenden, fühlenden und handelnden Lebens und Erlebens stand im Mittelpunkt. Früher waren die Menschen in der Lage, Entwicklungswege, die immer ein Wandern zwischen Leben und Tod zumuten, ohne Symboldeutungen zu verstehen. Unserer rationalen, realitätsorientierten Welt ist dieses intuitive Wissen in zunehmendem Maße verloren gegangen.

Interpretationen mithilfe des Symbolverständnisses der Analytischen Psychologie C. G. Jungs sind immer individuell gefärbt. Sie bemühen sich um ein Erfassen des archetypischen Gehaltes, erheben aber nie den Anspruch auf eine allgemein verbindliche Wahrheit. Aber gerade diese sehr subjektive Sicht soll anregen, sich eigene, weiterführende Gedanken zu machen, um der platonischen Idee von dem, was Wahrheit sein könnte, näher zu kommen.

Menschsein vollzieht sich im Unterwegssein. Dazu gehört der Mut, der auf die eigenen Kräfte baut, aber ebenso von außen kommende Hilfestellungen annehmen kann. Das Leben bleibt immer Wagnis, das vermitteln uns die Märchen in eindrückliche Weise. Sie zeigen aber auch, dass der Gebrauch der Intuition oft weitreichender hilft, als kluges Überlegen.

Unterwegs zu sein heißt, sich der ewigen Bewegung der Zeit zu überlassen, die nach Heraklit, dem großen Vorsokratiker aus Ephesus, Sein und Nicht-Sein als etwas Zusammengehöriges versteht. Alles ist im Werden, das einzig Dauernde ist die beständige Veränderung und der Mensch ist in Tod und Leben ein Teil dieses unendlichen Prozesses.

Literatur

1. Rilke, Rainer Maria, Stundenbuch, Buch vom mönchischen Leben, 1899

2. Bruckner, Pascal, Verdammt zum Glück, Berlin 2004

3. Silesius, Angelus, Der Cherubinische Wandersmann, Leipzig o. J., S. 27

4. Hüther, Gerald, Was wir sind und was wir sein könnten, Frankfurt 2011, S.16ff

5. Hesse, Hermann, Steppenwolf, Frankfurt 1982, S. 46ff

6. Jung, C. G., Ges. Werke, Bd. 5, Olten 1973, S. 333ff

7. Tripp, Edward, Reclams Lexikon der Antiken Mythologie, Stuttgart 1991, S. 263ff

8. Derselbe, S. 333ff

9. Lutz, Christiane, Das Männliche im Märchen, Leinfelden-Echterdingen 1996, S. 71

10. Goethe, Johann, Wolfgang von, Gesammelte Werke, Faust, Leipzig o. J.

11. Sophokles, König Ödipus, Stuttgart 2002, S. 29

12. Lutz, Christiane, Jason und Medea, Stuttgart 2010, S. 96ff

13. Endres, Karl, Schimmel, Annemarie, Das Mysterium der Zahl, Düsseldorf 1984

14. Jacobi, Jolande, Der Weg zur Individuation, Olten 1971, S. 58

15. Winnicott, Donald, Reifungsprozesse und fördernde Umwelt, Gießen 2002

16. Lüscher, Max, Farb-Form-Test, Luzern 1979, S. 85ff

17. Apuleius, Das Märchen von Amor und Psyche, Stuttgart 2004

18. Logau, Friedrich von, Aphorismen, aphorismen-archiv

19. Jacq, Christian, Die Pharaonen, München 2001

20. Goethe, Johann, Wolfgang von, Gesammelte Werke, Faust, Leipzig o. J.

21. Heraklit in Wahrig, Fremdwörter-Lexikon, München 1983, S. 538

22. Hüther, Gerald, Bedienungsanleitung für ein menschliches Gehirn, Göttingen 2005

23. Silesius, Angelus, Der Cherubinische Wandersmann, Leipzig o. J., S. 25

24. Goldner, Wolfgang, Handbuch der Germanischen Mythologie, Kettwig 1985, S. 303ff

25. Tripp, Edward, Reclams Lexikon der Antiken Mythologie, Stuttgart 1991, S. 455

26. Beltz, Walter, Die Mythen der Ägypter, Düsseldorf 1982

Märchensammlungen

Afanasjew, Alexander N., Russische Volksmärchen, Band 1,
München 1985

Andersen, Hans, Christian, Gesammelte Märchen, Zürich o. J.

Früh, Sigrid, Hrsg., Märchen von Tod und neuem Leben,
Krummwisch 2009

Gebrüder Grimm, Kinder- und Hausmärchen, Fassung 1812/1814,
Lindau o. J.

Gebrüder Grimm, Kinder- und Hausmärchen, Fassung 1848, Zürich o. J.

Lüthi, Max, Hrsg., Europäische Märchen, Zürich 1951

Bücher zur Symbolik

Adkinson, Robert, Hrsg., Heilige Symbole, München 2009

Bauer, Wolfgang, Dümotz, Irmtraud, Golowin, Sergius, Hrsg.,
Lexikon der Symbole, Wiesbaden 1983

Cooper, J. C., Illustriertes Lexikon der traditionellen Symbole,
Leipzig 1986

Müller, Lutz und Anette, Hrsg., Wörterbuch der Analytischen
Psychologie, Düsseldorf 2008

Ronnberg, Ami, Martin, Kathleen, Hrsg., Das Buch der Symbole,
Köln 2011

Zerling, Clemens, Bauer, Wolfgang, Hrsg., Lexikon der Tiersymbolik,
München 2003

Bücher, die mich inspirierten

Beit, Hedwig, von, Symbolik des Märchens, Bern 1976

Brisch, Karl Heinz, Bindungsstörungen, Stuttgart 1999

Capelle, Wilhelm, Die Vorsokratiker, Stuttgart, 1953

Clarus, Ingeborg, Odysseus, Wege und Umwege der Seele, Leinfelden-Echterdingen 1997

Fromm, Erich, Haben oder Sein, Stuttgart 1976

Goethe, J. W. von, Ges. Werke, Faust, der Tragödie 1. und 2. Teil

Golther, Wolfgang, Germanische Mythologie, Stuttgart 1985

Held, Klaus, Treffpunkt Platon, Stuttgart 2001

Lagerlöf, Selma, Nils Holgersons wunderbare Reise mit den Wildgänsen, Köln 2011

Lorenz, Konrad, Er redete mit dem Vieh, den Fischen und den Vögeln, München 2011

Lücke, Hans-K. u. S., Antike Mythologie, Wiesbaden 2005

Montessori, Maria, Das kreative Kind, Freiburg 1972

Neumann, Erich, Die Große Mutter, Olten 1974

Moormann, Eric M.,Uitterhoeve, W., Lexikon der antiken Gestalten, Stuttgart 2010

Scherf, Walter, das Märchenlexikon, Bd. 1 und 2, München 1995

Zingsem, Vera, Göttinnen großer Kulturen, Köln 2010224/4